華志文化

華志文化

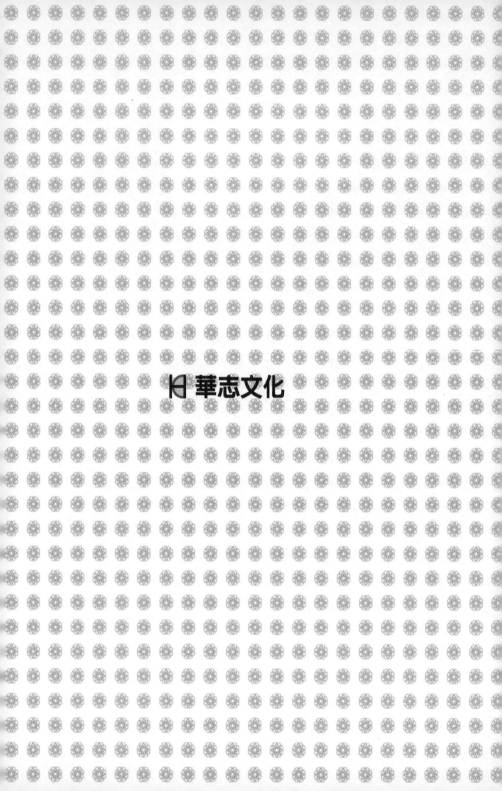

自卑與超越

生命對你意味著什麼

《夢的解析》作者佛洛伊德昔日的愛徒、人本主義心理學之父阿弗雷德．阿德勒帶你積極找尋生命的意義，告訴你自己應該怎樣過好這一生，提高自制力，過自己想要的生活！

阿弗雷德．阿德勒（奧地利）
Alfred Adler/原著
李青霞/譯者

名家名譯
大師智慧

What Life Should Mean To You

心理學先驅阿弗雷德．阿德勒的巔峰著作
人類個體心理學中最卓越的作品及創始人

精神分析學派代表、個體心理學經典
一部流傳將近百年的心理學暢銷鉅著
全世界近二十多種版本銷售上千萬冊

譯者序

阿弗雷德．阿德勒（Alfred Adler，一八七○～一九三七）出生於維也納郊區一個中產階級猶太人家庭，然而，富裕的家庭環境給他帶來的並非快樂的童年，而是不幸和磨難。他在幼年時期便患上了佝僂病，看上去又矮又醜，這致使他在兄弟們之間感到非常自卑。不幸遠遠還未結束，在五歲那年，他又患上了幾乎致他喪命的肺炎。這一切都讓阿德勒的生活籠罩著恐懼和悲傷。然而，也正是童年時期的種種經歷，讓阿德勒在很小的時候就下定決心做一名醫生，以便「與死亡做抗爭」。

最終，生活的不幸並未讓阿德勒消沉下去，他憑藉自己超人的毅力贏得了眾人的讚許。一八九五年，他獲得了維也納大學醫學博士學位，並成為一名醫生。由於對性格心理特徵的特殊興趣和關注，阿德勒水到渠成地進入神經病學和精神病學領域。此後，他憑藉著對人性特徵超常的洞悉能力，在此領域如魚得水地施展著才能，並寫下了《縫紉業健康手冊》和《器官自卑感及生理補償研究》等著作。

一九○○年，阿德勒閱讀了佛洛伊德的《夢的解析》一書，對書中的觀點頗為贊同，並與佛洛伊德結下了深厚的友誼。一九〇二年，阿德勒受佛洛伊德之邀參加每週舉行的研討會，後又加入了心理分析社團，成為一名積極活躍的社團成員，並參與編輯《心理分析學報》。接著被佛洛伊德任命為接班人，擔任維也納心理分析學會主席。但最終由於觀點上的不合，兩人矛盾日漸顯露，分道揚鑣。

之後，阿德勒率領其追隨者一起成立了「自由心理分析研究學會」，並自稱其研究為「個體心理學」。「個體心理學派」是阿德勒與同事對自己所創新學的命名，之所以用「個體」這個詞，主要是為了強調個性的唯一性和不可分割性。

一戰期間，阿德勒也曾在奧國軍隊中當軍醫，戰爭結束後退役。隨後他在維也納開始從事兒童心理學的輔導工作，同時將他的專業技能向大量專業和非專業的人士進行展示和傳授，從此聲名大振。

隨後阿德勒他開始到各國遊歷，到處講學。一九二六年，他抵達美國，並受聘於哥倫比亞大學；一九三二年，受聘為長島醫學院教授；一九三五年，在美國創辦了國際個體心理學學刊；一九三七年，受邀到歐洲講學，終因疲勞過度、心臟病突發離世。

阿德勒一生為人類的個體心理學做出了巨大的貢獻並取得了卓越的成就，其留下的大量著作為後世研究個體心理學提供了便利。值得我們關注的是，他的理論是否能被事實證明對社會有所貢獻和價值，並有助於營造人人平等的環境氛

圍，讓每個人都能意識到在某些方面自己雖與他人有所區別，但在人格和尊嚴上與他人是平等的，然後在實際工作上能充分發揮各自的潛能。

阿德勒先生雖然離開我們已經數十年，但是我仍然希望讀者潛心閱讀他的文章，並希望讀者能夠從中獲益。

由於翻譯水準有限，譯作中難免有瑕疵，望大家見諒。

譯者＼李青霞

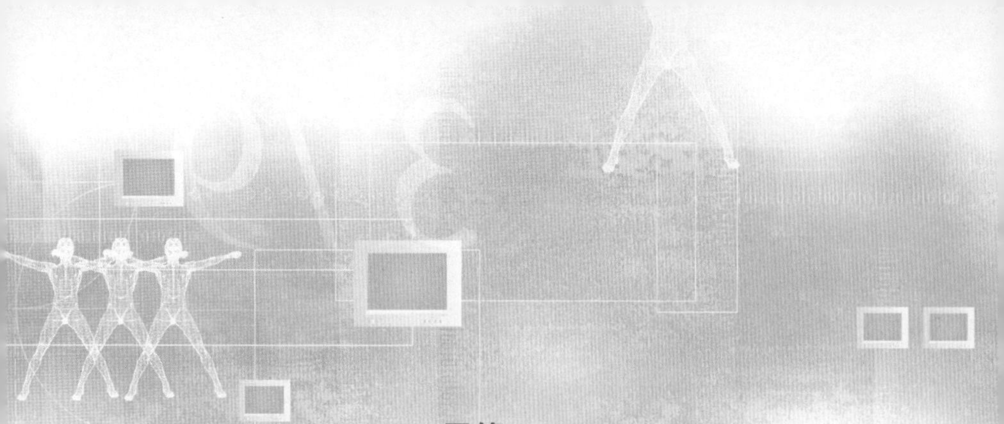

目錄
CONTENTS

目錄
CONTENTS

目錄
CONTENTS

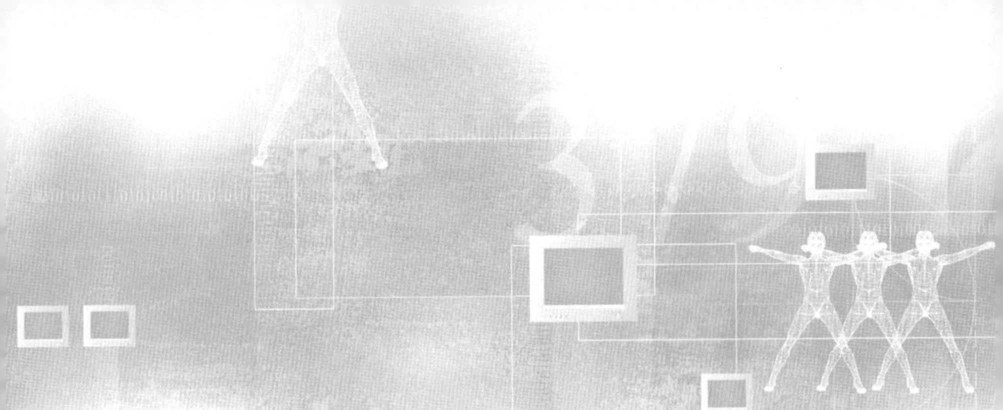

目錄
CONTENTS

目錄
CONTENTS

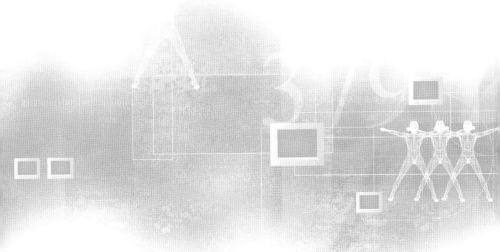

第一章
CHAPTER 1

《生活的意義》

有多少個人就會有多少種理解。其絕對意義上的「正確真理」是什麼則無人知曉，因此只要是相對有效的任何解讀，就不能判定是「絕對錯誤」。其實正是在這兩個極端之間，包含了人生意義的全部內容。

一、人生的意義

人類生活的世界是豐富多彩的。人類體驗事物一般不會抽象進行，而是以自身的角度去觀察，最初「經驗」的產生亦是如此。例如：「木頭」的存在與人類有關，而「石頭」也是「人類生活的要素」。可悲的是，有的人總是排除事物的意義而去思考周圍環境，表現為：孤立自己，脫離同類，其所作所為於己於人皆無益處。總而言之，人的存在無法脫離生活的現實本義，自我封閉的行為毫無意義。體驗現實的人只有將現實放大到人生和生命存在的高度，來解讀其意義和價值，而不是局限於事物本身。因此結論應當是：這種意義總有遺憾和缺陷，當然也不可能永遠正確。因為，這個看似飽含意義的世界的一大特徵就是充滿了各種謬誤和荒誕。

如果你向人問道：「人生的意義到底是什麼？」許多人多半都不知如何回答。多數人都不想自尋煩惱，更不願探求問題的本源。但是，從古至今，這種問題一直相伴在人類的左右，直至今日，也有人時常提起，無論年長或年幼，有時還會被問道：「人為什麼而存在？」「人生的意義是什麼？」客觀地說，只有在人們遇到某種困難和挫折的時候才會問諸如此類的問題。相反，那些人生之路平坦順暢、幾乎沒有遇到過困難的人，大多不會產生這個念頭。但是，這些問題在我們的人生經歷中總是不可避免的，我們也必須直接應對。我們發現對人生的某種解讀似乎影響著人的行為舉止，每個人在言論之外的行動上，都在對「人生意義」進行不同的詮釋，而且此意義與其觀點、態度、舉止、表達、癖好、志向、習慣以及性格特徵的表現是一致的。也就是說，先對世界和個人進行總結，然後暗暗貫穿於每個人的行為之中。「我是這樣，宇宙是那樣」就是思考得出的結果，是對自己和所理解的人生意義的一種判定。

如前所述，對人生意義的解釋不一定全部正確，而且有多少個人就會有多少種理解。其絕對意義上的「正確真理」是什麼則無人知曉，因此只要是相對有效的任何解讀，就不能判定是「絕對錯誤」。其實正是在這兩個極端之間，包含了人生意義的全部內容。然而，我們可以分辨這一區間中的不同點位哪些有效，哪些次之；哪些是小錯，哪些是大錯。從中可以發現，較好的解讀是大同小異、不約而同的，相反那些不盡如人意的解讀則總是難掩其誤。如果能從中得出普遍的標準和意義，則對揭開有關人類問題的現實之謎很有幫助。同時，必須牢記這個真理的標準是相對人類目的而言，是相對真理。此外，無其他絕對真理存在，即便有，也與人類無關。因為我們根本無從了解掌握絕對真理，所以它對人類而言，也沒有現實意義。

二、人生必須面對的三大問題

人生所面臨的所有困難或問題，都源自於在生活中受到的三大制約。因為這三種制約構成了人生和現實的內容，並且經常使人們遭受困擾，還迫使人們做出應答和處理，所以每個人都必須予以重視。我們可以從對這些問題的不同解答中，看出每個人對人生意義的解讀。

第一種制約：我們必須生活在這個小小的星球（地球）上，除此別無選擇。人類與地球上的各種資源必須共存，盡自己最大的能力善待地球。身心健康也是我們不可忽視的，因為這是延續地球生命的重要因素，同樣也能使人類得以延續。這是我們都不得不面對的問題，人人都需要迎接其挑戰。不管我們做什麼事，都是對人類生存狀況的解答，我們可以從中知道哪些是必需的、適當的、可能的或希望的。但是不管何種回答都必須考慮到一個事實——我們是人類體系中的一部分，我們共同生活在地球上。

這就如同我們不能對一道數學題妄加猜測，而必須全力以赴地求出答案一樣，我們為了全人類的美好未來，也要對人生的問題重新做出回答，其中重要的是使觀點既富有遠見又相互關聯。這是從人類自身的弱點及其可能造成的潛在危機來考慮的。當然，我們的答案不會完美，但是必須盡其所能地找到最佳答案。此外，所有的答案都必須考慮到人類正在為地球所困擾，我們的生存品質必然與地球帶給我們的福禍緊密相連。

接下來是第二種制約：我們每個人都必須與周圍其他人相互關聯，任何人都是人類體系中的唯一成員。一個人無法單獨達成目標，這是由人類個體的弱點和局限所決定的。一個人如果獨自孤單地生活，自己面對一切，最終只會走向滅亡。人不但不能持續一個人的生活，獨活也使生命無法得以延續。正是因為人類所共存的弱點、缺點和局限性，所以總要與他人團結在一起。我們如果想繼續生存，對人類和社會做出最大的貢獻，就必須與人聯合，共同發展。要想尋求人生的答案就不得不考慮這一約束，我們必須想到：我們和他人是相互聯繫的，如果只剩下一個人，將無法繼續生活。如果想延續自己的生命，我們就必須讓自己的情感和這個問題的目標相適應。

第三種制約是：人類有男有女。這同樣是個人和社會得以維繫必須考慮的問題。人一生中誰都無法繞開愛情和婚姻這個問題，不管男女。當面對這個問題時，我們應該怎樣做，就是對這個問題的詮釋。遇到問題，人們想像的方法往往多種多樣，但是卻總以為自己採用的具體措施才是最佳方法。

以此三種約束考量，又引申出三個問題：第一，既然我們的星球上的自然資源有限，那麼我們到底怎樣做才能讓人類獲得永存；第二，在茫茫人海中，我們應該怎樣給自己定位，才能達到與人合作、共同發展的目的；第三，如何進行自我調整，以適應「人類兩種性別」和「人類的延續依賴於兩性關係」這一生存要求。

個體心理學發現人類的所有問題都可歸於三類：職業、交際和兩性問題。每個人對生活意義做出各自的理解時，都精準地揭示出人們對這三個問題的不同回應。舉例如下：假設一個人完全沒有愛情生活或遭受了挫折，並且在工作上也表現得很平庸，還不喜歡結交朋友，感覺人際交往是一件令人痛苦的事，造成交往範圍十分狹小，從他在現實生活中做出的自我定位和約束，似乎可以得出這樣的結論：「我是為活著而活著，所以要讓自己免受傷害，以保證平安無恙，因此，自我封閉以減少社會交往成為首選。」看得出，他把活著視為一件艱難且危險的事情，最後只有現實失敗接連不斷，而且生存機會越來越少。

不妨再假設另外一個完全相反的例子：一個人交友廣泛，人脈極強，左右逢源，事業有成，而且愛情生活和睦甜蜜。我們則可以定義為，此類人視「活著」為一個創造的過程，於是他的生活中充滿了各種機遇，其間出現的困難反而使他具有了超凡的勇氣，因為在他眼中任何困難都可以克服。這就說明：「真正的人生是懂得關注他人、讓自己成為社會大家庭中的一員，並積極地為人類的福祉做貢獻。」

三、社會情感

由上文可見，對人生意義的解讀不論正確還是錯誤，都可從中找到一些共同點。精神病人、罪犯、酗酒者、問題少年、自殺者、墮落者、妓女等人之所以容易失敗，是因為他們在處理職業、社交和兩性問題時，未曾尋求他人的幫助，他們對社會生活沒有興趣並缺乏安全感。在他們心中，人生的意義就是以自我為中心，他們的個人理想其他人根本無法從中共用。他們如果取得了所謂的成功或實現了某種理想，實際上也只是一種虛無的優越感，這種自我滿足和陶醉，也只有對他們自己才有意義。

例如，手中擁有武器的罪犯感覺自己很強勢，無人能敵，顯而易見，他們在利用武器為自己壯膽。但是對一般人而言，一件武器並不能讓其身價得以提高，所以對於利用武器為自己壯膽的行為不免覺得有些可笑。其實，自我意義就是沒有任何意義。真正的意義是從與人交往中展現出來的，一個人的意義是沒有任何用處的。每個人都在力爭與眾不同，但如果並不明白自己的成功和卓越是建立在為他人做出貢獻的基礎之上，那麼錯誤就難以避免。人生的理想和行為與此同理，其唯一的意義就在於對他人是否存在意義。

再講一個關於某小教派教主的故事。有一天，教主將所有的信徒都聚到一起，說下週三就是世界末日。信徒們都對此信以為真，於是趕緊變賣家產，然後拋開所有世俗和牽掛，在莫名的情緒中等待災難來臨。可是星期三悄悄過去了，卻沒有發生任何異常。信徒們在星期四一大早便找到教主，向他討一個說法。人們都說：「看看你把我們愚弄到什麼地步了！我們放棄了所有的生存保障，逢人便說週三是世界末日，我們從未在意別人那輕蔑的目光，而是反覆強調消息的真實性。如今星期三已經過去了，這個世界不是依然如故嗎？」這個所謂的預言家卻以個人的理由逃避著他人的譴責，他狡辯說：「可是，我所說的星期三與你們想到的星期三並非一回事呀。」這個故事說明，一個人認為的事實並不一定能成為真理。

所有「人生意義」的真正標誌是具有普遍性的，即可以與他人共用、絕大多數人可以接受的共同意義。在日常生活中，人們可以從中看出所發生之事具有的共通性。大眾口中的天才雖然是極少數，但是只有他們被大眾認為與眾不同時，才會被冠以這樣的稱呼。由此可見，人生的意義即「對整體做出貢獻」。在此，我們並非說說而已，而是看重其最後結果。每一個面對困難毫不退縮的人，其意識中好像都明白人生的真諦在於對他人產生興趣並與他人合作。他所做的每一件事都會被他人所關注，即使遇到困難，他也從來不將解決的辦法建立在傷害他人的基礎上。

如果我們說人生的意義在於貢獻並與他人不斷合作，也許有人會對此產生疑問。因為對於大多數人來說，這是一個全新的理念。他們不禁會問：「如果一個人總是以他人利益為重，讓自己向他人貢獻，那麼我們的損失會有多嚴重？我們自己的事又該如何去做？難道不應該有一部分人為了自己的發展而先考慮自己的利益嗎？我們保護別人的前提不應該是先保護好自己嗎？」

這樣的觀點大錯特錯，此類問題也不能稱為問題。如果一個人以他對人生意義的認知和理想，並且加上他的全部情感，向他的人生目標努力，他必然會沿著最能展現其人生價值的道路發展。同時，他還會為了實現目標而不斷改變自我，逐漸形成一種社會使命感和責任感，並在實踐中讓這種感情逐步邁向成熟。人的目標一旦建立，隨後便會開始自我管理。只有此時，他才會意識到要解決怎樣的人生問題，才會不斷使自己得到提高和發展。比如在愛情和婚姻中，如果我們想讓對方感受到幸福和快樂，就會極力表現自我，將全部關心投入到對方身上。如果我們只是按照自己的性情去發展，而不顧對方的感受，那麼所得的結果一定是：我們變得趾高氣揚，讓人厭惡。

我們還可以從中悟出一點，即人生的真諦就在於奉獻與合作。如果我們仔細觀察祖先給我們遺留下來的東西，會發現什麼？那些都是他們對人類的貢獻。除了我們所能目睹的有形資產——土地、道路和建築，還有很多無形的資產，即他們以哲學、科學、藝術的形式對生活經驗歸納出的真理，以及傳達給我們的各種生活技能。這一切的一切，都是他們為人類做出的貢獻，然後讓我們代代相承。

那麼，另外那些拒絕與他人合作，對人生意義另有理解的人，那些總想著「我應怎樣逃避生活」的人呢？他們留下了什麼？他們沒有給人類留下任何有益的東西。他們不但人已經死去，就是人生價值也沒得到任何展現。對那些認為自己一生從不需要與人合作的人來說，就好像地球早就對他們有所安排，對於他們早有最終的評斷：「你一無是處，在這裡，你的憧憬、你的奮鬥、你所崇尚的價值觀，還有你的思想和靈魂都沒用處。人類不需要你，任何東西都不需要你。你不配活著，沒人希望你在這裡，滾開吧！快點去死，從此消失吧！」在現代文化中這種自我觀念已有所淡化，但我們還是會找出許多缺失之處，所以也必須以為人類謀取更多福利為前提，去繼續改變它。

千百年來，很多人都懂得這個道理。因為他們懂得了人生的意義在於對全人類的貢獻，所以他們開始讓自己關心和幫助他人。特別是那些有著宗教信仰的人，我們都可從中看到一種普渡眾生的思想。世上所有的重大活動都想增加人們的利益，而宗教正是朝此方向發展的主流之一。但是，人們卻常常誤解了宗教，因為人們認為他們除了做一些普通的事外，根本沒有做出其他任何有益的事。從科學的角度來說，個體心理學也得到了同樣的結論。但是我想它還會繼續向前邁進。科學在提高人們對人類的貢獻方面，會發揮更大的作用，這種作用是其他方法所不能及的。我們實行的角度雖然不同，但是目的卻一樣：為人類提供更大更有益的貢獻。

我們對於人生利益的理解似乎已經成型：它不是我們的福神，就是一個催命鬼。所以，我們亟須了解人生的意義形成的原因和其劃分的依據，並及時糾正這種錯誤的方法。

這些屬於心理學的研究範圍，其與生理學、生物學的最大區別就是：它能利用我們對意義的理解，來影響人類的活動以及人類的發展趨向，從而讓人類更幸福。

四、童年對人生的影響

從我們剛剛出生那一刻起，就開始了對「生活的意義」的探索。就算是孩子，也想弄清自己的力量和自己在周圍環境中的位置。在兒童發展的前五年，已經具備了一套固定的行為模式，即他們以怎樣的方式和方法去對待一切事情。此時，他們對於自己和社會所嚮往的發展模式已經有了深層次的概念。此後，他們就會利用自己對社會和自我的看法來關注整個世界。因為在兒童時期還不知道何為社會經驗，所以需要有人對他們加以詮釋，這樣就逐漸賦予了他們生活的意義。

對孩子們而言，即使對意義的認知已經偏離正軌，即使他們所採用的處理方式還會帶來接二連三的錯誤，他們也不會改變。只有他們重新檢討，對自己的認知加以改正，才會使他們對於人生意義的理解得到改變。有時，犯錯帶來的嚴重後果會強迫性地驅使他們改變自己對人生的認識，然後完善自我。但是如果沒有任何方面的壓力，他們就不會意識到其中的謬誤，還會執著於錯誤之中，以至於結果無法收拾。一般來說，要想讓自己對人生的認知走向正確的軌道就要接受專業的心理學人士的指導，他們可以幫助我們找到錯誤的根源並探尋到正確的人生意義。

人們在兒童時期的情境有多種解釋方法，童年的不快樂很可能被賦予相反的意義。比如，有的孩子童年生活並不快樂，他就會盡其所能讓自己找到一個擺脫困境的方法。由此，他就會產生這樣的想法：「我一定要使自己的狀況得到改善，不要讓我的孩子再在這樣的環境中成長。」

而有的孩子則會想：「上天真的好不公平，為什麼總讓別人享受美好的東西？既然上天對我這樣殘忍，我還有必要對別人給予慈愛嗎？」

也許有的父母會這樣告訴自己的孩子：「我的童年就是從貧苦中過來的，可是你為什麼就一點苦都不能吃呢？」

有人則認為：「因為童年時我受了很多苦，所以我現在做什麼都無可厚非。」

從以上的事例中我們可以看出，他們對於人生的理解已經表現在他們的行為之中，如果他們不對自己的思想加以改變，行為自然也不會改變。

每個人的經歷並不能決定人生的成與敗，這就是個體心理學對決定論的反對之處。一個人的經歷不能決定其一生的命運，但會對人的命運造成影響。如果我們將某種特殊的經歷作為未來人生的基礎，那麼必定會被誤導。環境因素並不能決定人生的意義，我們卻可以藉由解讀自己的人生狀況來改變命運。

然而，成年人中的失敗者，大部分都是因為在童年時期未對人生的定義形成正確的認識，並讓這種錯誤一直發展。其中包括那些在嬰幼兒時期患病或存有缺陷的孩子。這樣的孩子經歷了痛苦的童年，根本無法意識到人生的意義就是對社會的奉獻。除非讓那些與他經歷相似的人對他加以引導，讓其將關注力放在他人身上，否則他們一生都會以自我為中心。而他們常常因為周圍人的嘲笑、同情或排擠而變得更加自卑。在這種環境下成長的孩子，會因為自己受到社會的侮辱而變得內向，並且還認為自己不會對社會有任何貢獻。

身體器官的殘缺或內分泌異常都會導致兒童在生活方面產生困難，我想，我是第一個對此領域加以研究的人。雖然這一分支在業內已有不少成就，但它的發展方向卻偏離了我的期望。我一直在尋找克服這種偏差的方法，而非如一些學者所倡，將發生這種狀況的原因歸於身體的缺陷或內分泌的異常。身體的缺陷並不能強迫一個人的心理朝錯誤的方向發展，而內分泌也不會對兩個兒童產生同樣的作用。我們常看到這樣一種現象：那些有困難的兒童在克服困難的同時，會將自己內在的巨大潛能激發出來。

正因如此，宣傳優生學並不是個體心理學家所宣導的。有很多具有先天缺陷的人，常常成為某一時代的傑出人才，雖然他們有的一生與病魔相伴，有的英年早逝，但他們

的貢獻是實實在在的。人類許多偉大的發明，正是由這些人創造出來的。他們的堅強源自奮鬥，他們執著於常人都無法完成的事業，所以獲得成就就是理所應當的了。僅憑對人肉體的觀察，我們無從判斷心靈發展方向的好壞。然而迄今為止，大部分具有先天缺陷或內分泌異常的兒童都未接受過正確的訓練。正因為無人可以理解他們的痛苦，所以他們總是越來越自我。由此我們也就明白了那些先天具有缺陷的兒童大多是失敗者的原因，因為他們往往過於關注自己的缺失而形成一種無形的壓力。

②溺愛

家長對孩子的過於寵愛也是導致孩子對生活的意義進行曲解的一大因素。在那些孩子的心目中，他們的願望就是法律，自己無需爭取便可獲得一切。他們還認為自己天生就具有某種權力，無人能及。然而，一旦他們不再成為眾人的焦點，他們的位置被人取代時，便會無法忍受，他覺得周圍的人都對他有所虧欠。在他們的生活中，已經習慣了只索取而不付出，他們根本不懂得如何面對生活中的問題。因為一直生活在別人的關照之中，他們已經沒有了自立能力，也從不知道自己能做什麼。他們的腦海中除了自己別無他物，根本不懂得與人相處、合作的益處。當有困難出現，他們唯一想到的便是求助於人。他們認為，如果他能重新成為眾人的焦點，如果人們可以再次承認他是傑出的人，那麼情況就會大有改觀。

過於受寵的孩子在長大後，很可能會成為危險人群。其中有些人甚至會恩將仇報，表面裝出「媚世」的姿態，私下卻一直尋找機會攻擊別人。如果讓他們像普通人一樣合作完成某件事，他們定不會服從，或者公然反抗。如果他們不再得到別人的關心和呵護，就會認為有人在他們背後進行破壞。他們以為眾人都與之敵對，所以只要有機會便會打擊報復。如果人們對他的處事方式不能接受，他就會認為這一行為是對他的虐待，所以對他們的懲罰不會發生任何作用。他們只會這樣想：所有的人都在和我做對。這樣的孩子無論是對別人公然反抗還是將別人的善意當成惡意，都表明他們對人生的理解是錯誤的。有些人會在不同的時期採用不同的方法，但是他們的思想永遠不會有所改觀：人生的意義就是自己永遠第一，自己至高無上，自己可以為所欲為。如果他們一直持這樣的人生態度，他們的方法永遠不會正確。

③ 冷落

受人冷落的兒童是第三種「問題兒童」。他們的人生同樣容易偏離正軌。這些孩子根本不知道關心和互助的概念，因為在他們的腦海中從來沒有這些名詞。我們可以想像出，當他們在生活中遇到不悅，總會高估困難的程度，從不去爭取他人的幫助。當他看到社會冷漠的一面就會認定整個社會都是如此。他們不會想到，幫助他人做一些事就可以贏得他人的尊敬和喜愛。他們連自己都無法相信，更別提相信他人了。

實際上，任何經驗都無法與感情相比擬。母親最初的任務就是讓孩子一出生就感受到對自己的依賴之情。繼而，她可以讓孩子將這種感情範圍擴大，直至周圍的每一件事物。如果母親沒有完成這一任務，也就是沒有讓孩子對周圍產生興趣，並形成合作與互助的情感，那麼孩子就很難對社會形成關注，也很難再有與人合作的意識。與他人合作的能力人人都有，但這卻是經過培養才得以實現的，否則根本無法盡情地展現出來。

如果我們對一個被人忽視、不受歡迎和沒人理睬的孩子進行研究，可能發現，他們從來沒有與人合作的意識，他們就像與世隔絕了，不能很好地與人溝通，對互助互愛的事情更是一竅不通。之前我們已經提到，這樣的人生毫無意義。事實告訴我們，如果一個孩子在嬰兒期是平安度過的，那麼他就已經受到了很好地關心和照顧。所以，對於完全被忽視的孩子我們暫且不管，接下來讓我們說說那些常常被人忽視的孩子和那些只有某些方面被忽視的孩子。總之，事實證明，被人忽視的孩子根本沒有對人的依賴感。我們感到很悲痛，在這個文明的社會中，失敗的人常常不是孤兒就是私生子，因為這樣的孩子被人忽視的機率更大。

從以上我們得知，身體殘缺、被過於寵愛和被人忽視的孩子是很容易被誤導的，他們經常形成錯誤的人生觀。這些孩子極力需要他人的幫助，讓他們找到處理問題的正確方法。他們需要在別人的幫助下找到人生的意義。如果我們已經給予了他們幫助，就會在他們所做的每件事中看出他們對人生意義的理解。

五、夢對早期記憶的影響

藉由研究證明，做夢和想像是很有用處的，因為人在睡夢中和在清醒時的性格是一樣的，只是在夢中人的壓力較小，人的性格會毫不隱瞞地被表現出來。但是如果我們想了解自己對於人生意義的認識，必須有記憶的幫助。不管我們的記憶多麼零碎，都是極其重要的。因為從記憶的角度我們可以這樣理解，這正是記憶在提醒著我們某段事情應該被記住。記憶在告訴人們：「這就是你所希望的事情」、「這就是你要逃避的事情」或者「你的人生就是這樣的」。留在腦海中的記憶會凝結成我們生活中的一種經驗，它可以讓我們找到人生的意義所在。所以，每一段記憶都是不可或缺的。

兒童早期的記憶對於我們了解他們的生活方式和生活態度有著極為重要的作用，由此可見早期記憶的重要性。其原因有兩點：第一，這是他們對自己和周圍環境的最初印象，這是他們第一次將他自己的外貌、他對自己的評價、別人對他的態度綜合起來進行審視。第二，這是他們第一次有了自己主觀的觀點，也是他們人生記錄的開始。所以在他們早期的記憶中，我們會發現他們對自己定位的認知：是弱勢的或不安全的，還是強勢的、安全的，以及他們之間的區別。他最初的記憶是不是他記憶中的第一件事，或者他記憶中的事情是否真的發生過，心理學家認為這並不重要。重要的是，他們的記憶中對於未來生活的影響有多大。

接下來我想針對早期記憶的問題舉例說明，看他們對以後人生意義的定位有何影響。如果一個女孩在提到最初記憶的時候，臉上帶有無奈和悲哀的表情這樣說道：「咖啡壺從桌子上掉下來，燙傷了我。」那麼你就不必驚訝於她在以後的人生中總是過於誇大危險和困難的程度，更不必驚訝於她認為別人對她的關心不夠。因為有些人往往就是這麼不經心，把一個小孩子置於危險之中。

還有一個與之相似的例子：一個人這樣說道：「我在三歲的時候，曾從嬰兒車上掉了下來。」後來他就常常做這樣的一個夢：「世界末日就要來了，我在半夜醒來的時候，看到天空是一片火紅的顏色。星星們紛紛落下，地球撞在了另一個星球上。就在將要毀滅的時候，我被驚醒了。」他是我的一位患者，現在還是個學生。當他被別人問到害怕什麼的時候，他會說：「我怕這一生一事無成。」顯然，早期的記憶和噩夢的出現，令他對生活越來越失望，他極其害怕失敗和災難發生。

有一個男孩一直有尿床症，並且他還常常和媽媽吵架，所以在十二歲那年他被帶到我的診所醫治。在他兒時的記憶中有這樣一段經歷：有一次，他躲進了衣櫥中，然而媽媽卻以為他走丟了，於是跑到大街上焦急地去尋找、呼喊。這樣在他的記憶中就留有了這樣一種印象：要想引起別人的注意就要製造一些麻煩。在別人忽視我的時候，我可以藉由欺騙他人而得到重視。尿床症使他成為眾人關心和關注的對象，所以母親的焦慮和擔心更加深了他對自己觀點的認同。

在之前的這個例子中我們可以看出：在男孩的心裡，外面是一個充滿危險的世界，只有讓別人擔心他才會擁有安全感。他一直認為這是最可靠的方法，在他需要的時候只要使用這種方法就會馬上得到別人的保護。

在一個三十歲女人的早期記憶中有這樣的一件事：「走道中一片漆黑，我獨自下樓，比我大一些的表哥朝我走來，我害怕極了。」從這段記憶中我們可以看出她不喜歡和其他孩子在一起玩，也不喜歡和異性相處。我猜測她是獨生女，事實也的確如此，然而，她此時還是單身。

在下面的這個例子中，我們可以體會到一種社會情感的發展：「在我小時候，媽媽讓我推著妹妹的嬰兒車。」從中我們可以看出：她和比自己弱小的人在一起才會感覺輕鬆，並且對母親有一種依賴感。一個家庭的最佳教育方式就是，讓年齡稍大的孩子照看自己的弟弟妹妹，這樣既可以培養他們的合作精神，也會讓他對家庭中的新成員產生興趣，還讓他們為家庭承擔了一部分責任。如果這成為他們一種自願的行為，哥哥姐姐就不會認為新生兒的出生讓父母忽略了自己，也不會讓他們對自己的弟弟妹妹產生憎恨感。

喜歡與人相處，並不能說明真正對他人有興趣。一個女孩的早期記憶是這樣的：「我和姐姐經常和另外兩個女孩在一起玩。」由此我們可以看出她是一個很喜歡群體合作的女孩子。但是她說到自己的恐懼時卻說：「我害怕一個人待著。」這時我們就又對她有了新的認識：她是一個獨立性很差的女孩。所以由此我們看出她與人相處並不是因為興趣，而是讓自己不再孤單。

當我們真正了解了人生的意義，就找到了打開人性格的鑰匙。常常有人說性格是無法改變的，這是因為他們還沒有找到改變的方法。正如我們所見，如果找不到錯誤的根源，我們的任何治療方法都不會有效，而唯一有效的方法就是培養他們的勇氣和與人合作的精神。

六、合作的重要性

防止神經性疾病發生的唯一方法就是培養合作精神。所以，讓孩子學會與人合作，並讓孩子在日常生活或遊戲中學會自己處理與同伴之間的關係是極其重要的。阻礙任何的合作方式，都會產生不良的後果。比如，在家中慣於受寵的孩子總是有些自私，他們同樣會將這種自私的性格帶入學校。若想讓他對學習產生興趣，唯一辦法是讓他在心裡感到自己會受到老師的稱讚。他只喜歡自己感興趣的課程。隨著年齡的增長，他們這種缺乏合作精神所導致的不良後果會越來越明顯。在他初次產生了對人生意義的誤解時，便不會發展自己的責任感和獨立性。也就是在這時，他已經無法面對人生的挫折和困難。

我們不能指責某個成年人曾經在童年時犯的錯，這正如我們不能讓一個從未有過正規合作訓練的人去靈活應對需要與他人合作的問題，也如同不能讓一個對地理一竅不通的人去參加地理測試一樣。當他們犯下了錯誤，我們要幫助他們修正。要想解決人生中的各種問題，必須有合作精神；在人類發展的前提下，做任何事情都需要為社會謀求福祉。只有一個人明白了人生的意義在於奉獻，才會勇敢地去面對困難，才有更大的機會取得成功。

如果孩子在對人生意義的認識上所犯的錯誤被家長、老師和心理學家所熟知，只有他們不再重複同樣的錯誤，我們就有信心說，那些社會情感欠缺的孩子們最後總會認識到自身的能力和人生的機遇。他們在困難面前會反覆嘗試；他們不會逃避、推脫責任或者尋找不合常規的捷徑；他們不會要求他人給予特殊的照顧和幫助；他們也不會感覺丟人或想去報復，或者有這樣的想法——「人生沒有任何意義，我又能得到什麼？」他們定會認為：「我們必須有自己的人生。這是我們的事，我能夠處理好。我們自己的事可以自己做主。如果有什麼創新挑戰的工作，我怎麼能不參加？」如果人人抱有這種想法，都有自立的合作精神，那麼人類文明的發展將永不停息。

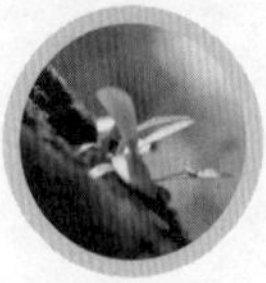

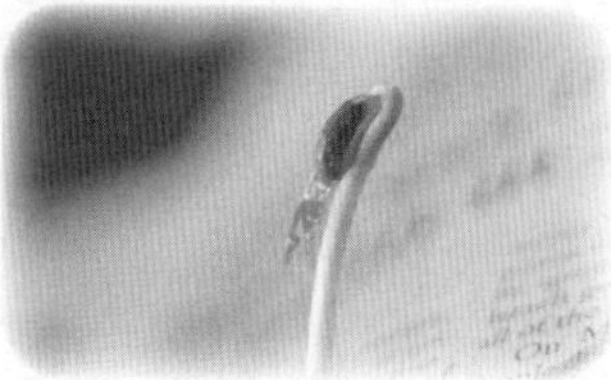

我們可以從一個人鍛鍊身體的方式中，看到他想從自己所在的環境中獲取怎樣的印象，以及其想達到的目的。

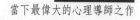

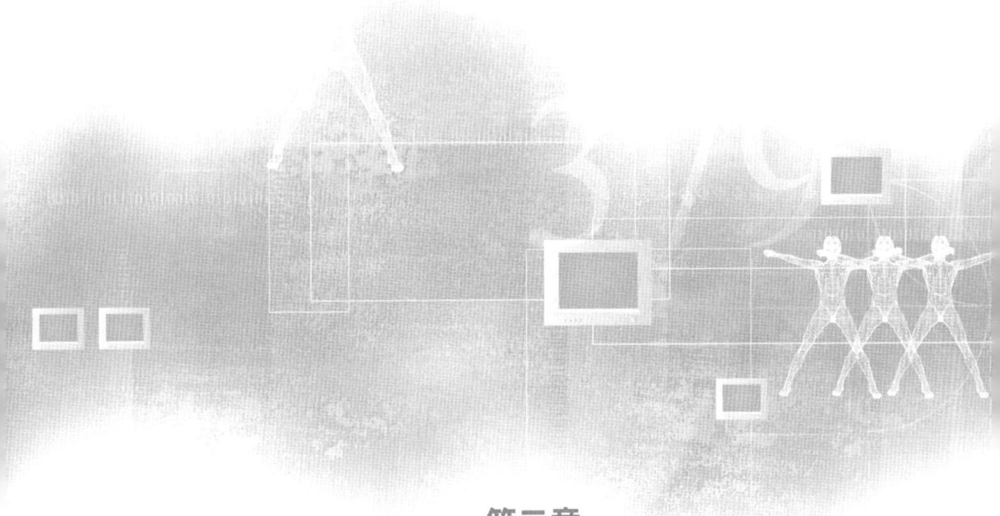

第二章
CHAPTER 2

《心靈和肉體》

人的生命從始至終，精神和肉體的合作就在不斷地進行著，他們就像一個相互的整體，不可分割。精神就像發動機一樣，可以將人體的潛能全部激發出來，使身體變得強壯。我們的思想可以藉由身體的動作、表情和行為來表現出來。

一、心靈和肉體的聯繫與衝突

對於精神支配肉體還是肉體支配精神的問題，人們一直各執己見。許多哲學家也參與其中，他們將之看成是唯心論還是唯物論的問題。哲學家們為自己的觀點提出了上千條理由，但最終仍然沒有結果。在這一問題上個體心理學也許可以提供一些幫助，因為在個體心理學看來，我們關注的是肉體和精神的相互作用。身患重病的人也是有著精神和肉體兩方面的，可是如果我們從錯誤的理論入手，病人便不會康復。所以我們的理論一定要有經驗做後盾，且是能夠經受住考驗的經驗。我們需要找到它們相互之間的作用，並找到正確的入口。

個體心理學讓這一問題變得簡單化，它們不再是一個絕對肯定或絕對否定的問題。精神和肉體只不過是人生中的兩種表現形式，在人的一生中它們缺一不可。我們只有從整體去了解它們兩者的關係。生命在於活動，但並不僅僅是身體上的鍛鍊，因為在活動的背後還有另一個重要因素。種子在土地中生根發芽後，就被固定在一個特定的位置，不可隨便移動。所以，當我們發現原來植物同樣具有某一種或幾種精神時，會很吃驚。但即使植物可以預知未來，然而卻對它沒有任何用處。比如，植物已經預料到：「一會兒將有人走過來，踩到我的身體。」這是沒有任何用處的，因為即使預料到，結果仍然

無法改變。

但是，人就可以將預料到的事情用於確定事物的發展方向上。這就告訴了我們人類精神的作用。

「當然，你想好了，要不你不會這麼做的。」（《哈姆雷特》第三幕第四場）

精神因素的核心力量是有預知能力並指導自己的發展方向。

然而，能夠說明長有兩條腿的人都有精神或靈魂，是因為人能夠對各種事物進行預測並確定事物的發展方向。如果我們了解了這些，就會明白精神對肉體的支配關係了，也就是說精神為活動指明了方向。但是我們始終要有一個固定的目標，反覆來回的活動是沒有用的。因為精神支配著活動，所以精神是主導因素。然而，肉體同樣會反過來影響精神，因為活動的完成者是肉體。只有身體因素允許，精神才可以支配精神。比如，我們很想去月球，但是必須借助高科技的幫助才可以完成，否則只是空想。

人類的活動範圍比其他動物要大得多，這裡指的不僅僅是活動的方式（這一點從人手的動作中就可看出），對於環境的影響也很大。所以，我們可以預想，人類的大腦會越來越有預見性，人類奮鬥的目的性也會越來越強，以改善他們在整個情境中的地位。

此外，在為了局部目標而進行局部動作的背後，我們還發現，每個人的心目中都有單一的、能包含一切部分活動的動作。如果我們所做的一切都是為了尋求一種安全感，即克服所有困難並將自己從中解脫出來的感覺。為了達到即將完成的目標，所有的活動和表現都必須諧調一致。就像我們即將達至最後的成功一樣，熱情會全面爆發並信心十足。

肉體也一樣，它和努力也要合為一體。肉體在形成之初就開始向理想的狀態發育了。比如，如果皮膚乾裂，整個身體都會努力讓其復元。不過這不是肉體的獨自努力，精神也發揮著不可忽視的作用。人體活動和衛生保健之類的知識已經證明，在精神的幫助下皮膚會復原得更快。

人的生命從始至終，精神和肉體的合作就在不斷地進行著，他們就像一個相互的整體，不可分割。精神就像發動機一樣，可以將人體的潛能全部激發出來，使身體變得強壯。我們的思想可以藉由身體的動作、表情和行為來表現出來。人只要有動作，這個動作就是有意義的。人們的眼睛、舌頭和臉部有了動作，使我們表現出各種表情，這正是心靈賦予我們的某種意義。那麼心理學和精神科學所研究的到底是哪些問題？心理學的目的就是找出一個人所表現出來的各種動作所代表的意義，並探尋其最終目的，然後將這一目的和其他人的目的相比較。

我們的任何動作都是有目標的，而精神則將這種目標變得更加明確，它需要計算出我們要走的路，以及走哪條路會更加安全順利。當然，這一過程中的錯誤也不可避免。

一旦目標變得不確定或者方向歪曲，就不會發生動作。如果我們動動自己的雙手，頭腦中必定會反應出動的目的。但是頭腦的選擇也並非時時正確，如果選擇錯了，那就證明頭腦中錯以為這就是最正確的。所以，心理上的錯誤注定會出現行動上的錯誤。我們人人都在尋找安全的目標，可是安全到底在哪裡呢？有些人在關鍵問題上出了錯，思想的選擇就會犯錯，所以朝向了錯誤的方向。

當我們看到一個表情和徵兆時，如果無法判斷其所代表的涵義，最好將其束之高閣、不去理睬。就拿偷盜來說，偷盜者會將別人的財物據為己有。現在我們來分析一下這一動作的目的：偷盜者想擁有更多的財富，越多越有安全感。所以，這一動作就是由貧窮或缺乏引起的。接下來我們就要對這個人所處的環境以及他產生匱乏的想法進行分析了。最後，我們要做這樣的假設：如果他生活的環境得到改變，或者生活並不貧窮的時候，他還會偷盜嗎？對於他的最終目的我們無需指責，可是我們已經明白，為了達到自己的目的他走上了錯誤的道路。

正如我前邊所述，人在四、五歲之前就已經有了統一的思考和精神與肉體的合作。在這一時期，他有著遺傳而來的秉性和對周圍環境的印象，並使這些東西適應他再高一層的追求。在六歲之前，他的人格已經定性，對於人生的意義、追求的目標、處事的態度、情感的秉性也已定型。這些在長大後也許會有變化，可是他首先要摒棄幼年時錯誤思考的導向。正是因為他的想法和行為是跟他對生活的認知相適應，所以如果他可以改變自己的想法，他的新想法和新行為就必須和對生活的新認知相適應。

每個人對周圍環境的印象，都是藉由感覺器官來獲得的。所以，我們可以從一個人鍛鍊身體的方式中，看到他想從自己所在的環境中獲取怎樣的印象，以及其想達到的目的。我們可以藉由一個人的觀察力和聆聽力來了解其感興趣的方面，並藉由此對他進行了解。從中我們可以看出人們是怎樣用姿勢訓練自己的感知並讓自己保留印象的。由此可見，姿勢是極其重要的，每一個姿勢都有著其特定的意義。

在原有的心理學定義基礎之上，我們可以再添加一點東西，看是什麼造成了人與人之間思考上如此大的差異。心理學主要研究的是身體對周圍環境的感知形成的態度。身體如果不能去適應環境，達不到環境所提出的要求，就是使精神上的負擔加重。正因為此，身體有缺陷的孩子在智力上總是比正常孩子發育得遲緩。他們的大腦更難使身體的動作諧調一致。他們若想和正常人一樣生活，就需要精力更加集中。所以，他們的精神負擔會很重，容易變成自私自利的人。如果一個孩子總是過於關注自己的缺陷和行動受限，那麼他自然就沒有過多精力去關心別人了。他們認為不管是時間還是動作都會限制他去關心他人，所以長大之後情感就會淡漠，自然也就沒有很好的合作能力了。

我們必須承認，身體上的缺陷給我們帶來了諸多不便，這是我們無法改變的。如果身體有缺陷的人精神上是積極向上的，他就會勇敢地克服一切困難，這樣他就會和普通人沒有什麼區別，照樣可以獲得極大的成功。實際上，雖然有些孩子有先天的缺陷，但

其獲得的成就卻遠遠大於正常兒童。比如，一個弱視的孩子會承受比普通孩子更多的壓力，他看外面的世界要比其他孩子費力得多。可是這就致使他更加關注視覺世界，讓自己更努力地分清東西的色彩和形狀。結果，其對於視覺方面的感覺反而優於正常的孩子，也會比他們更有欣賞力。所以，只要克服了精神上的障礙，身體的缺陷就不再是障礙，反而會成為一種有利的條件。

據我所知，很多畫家和詩人都有著視覺方面的欠缺，可是他們卻經由獨自訓練，越過了缺陷的障礙，他們的視覺利用率遠遠超過正常人。這種補償現象也許在左撇子孩子身上會更加顯著。在家裡或學校常常有人讓他們刻意改掉用左手寫字的壞習慣。他們用右手畫畫、寫字當然不如左手靈活。可是如果他們藉由大腦的支配讓自己克服這些困難，右手同樣會變得和左手一樣靈活。事實確實如此。在現實中，很多左撇子的孩子畫畫和寫字都比其他孩子漂亮得多，手工藝也做得同樣好。因為他們找到了正確的方法，有著做好事情的動力，然後加上自己的努力，就會轉劣為優。只有想將自己融入整體、不只關注自己的孩子，才會慢慢彌補自身的缺陷。那些一心想擺脫困難的孩子，肯定會落後於他人。只有他們心中有一個克服困難、努力爭取的目標，才會有加倍的勇氣。

這是關於興趣和關注力的問題。如果他將目標定位於身體之外的其他方面，他們就會培養、訓練自己達到指定的目標。他們也會認為困難是成功之路上必須清掃的阻礙。可是他們如果只將注意力放在自身的缺陷上，或者將自己的目標定為擺脫天生的缺陷，他們就無法取得成功。我們使笨手變得靈活的方法不是總想這隻手要怎麼辦、這隻手如果沒有那麼笨就好了、我可以不使用這隻笨手，而是積極鍛鍊，讓其變得更加靈活。這就需要我們的鍛鍊和實踐了，並且要脫離笨手帶給我們的消極影響。如果一個孩子想去克服某項困難，一定會為自己制定一個目標：關注社會，關注他人，與他人合作。

我對患有腎臟缺陷的家族的研究，可以作為遺傳的缺陷被轉變的事例。這些家庭的孩子們，有很多患有遺尿症，他們的缺陷很明顯，腎臟、膀胱或脊柱分裂的問題也顯而易見。並且，從腰部的痣和胎記中，我們也可以很明顯地看到這一缺陷。可是，我們並不能將這種疾病完全歸於身體上的缺陷。患病的孩子並不是在器官的控制下生活的，他可以自己掌控自己的器官。比如，有些孩子晚上會尿床，可是白天卻不會尿褲子。有時，這種毛病會隨著環境的轉變或父母關注力的下降而消失。如果患病孩子沒有智力上的障礙，他不會總拿自己的缺陷去做一些不該做的事，因為遺尿症是可以克服的。

但是，大部分患病孩子是因為自己受到了外界的刺激，不想去克服，所以他們不能改掉自己的毛病。有經驗的母親會給他們一定的訓練讓其改掉這種毛病，然而經驗不豐富的母親卻往往不知道該如何做。有腎臟或者膀胱疾病的孩子在聽到撒尿的字眼時，常常高度緊張。母親也不該在孩子剛剛尿床的時候就去制止，當孩子知道別人總是關注他的這種行為時，就會產生厭煩心理。這樣就會致使孩子不去接受相應的訓練。

據德國一位社會學家統計：父母的職業與犯罪相關，其孩子犯罪率很高，比如法官、員警或獄警的孩子。教師的孩子學習卻常常並不優秀，這有足夠的事實可以證明。醫生的孩子往往產生很多精神問題。牧師的孩子有很多會變為墮落份子。同樣，如果父母對於孩子的撒尿行為過於關注，就恰恰為孩子提供了一個表現自己的機會，他們會藉由這種方式表明自己的意志。

尿床的事實也可以歸結到另一件事上：我們是如何藉由做夢來表達自己的願望的。孩子在晚上常常夢到自己上廁所的行為，這樣他就有了足夠的藉口去尿床。他們藉由尿床常常可以達到很多目的：引起別人的注意，致使別人去做事，讓別人時時刻刻以自己為焦點。這種方法有時也是對抗父母的一種方式。不管從哪方面來說，尿床都可以說是一種創意：他們不是用嘴表達意願，而是用膀胱。身體的缺陷為他們表達自己提供了一個很好的藉口。

以這種方法表達自己的孩子常常是因為受到了一些壓力。比如，他們曾經很受關注，如今卻被忽略了。或許在他的弟弟妹妹出生後，父母的關愛減少了。所以，他就急須吸引母親的目光，他只想達到這一目的，卻不管利用怎樣的方法。這其實是在告訴母親：「我並不是你想像的那樣，我仍然是一個孩子，我也需要別人的照顧。」

處於不同環境和身體有著其他缺陷的孩子也會有這樣的行為，以達到自己的目的。比如，他們會用哭鬧的聲音引起別人的注意。有些孩子會夢遊或者做噩夢、掉到地上，或者說自己口渴並嚷著要喝水。其實這些孩子的心理是相同的。這些症狀的發生，一部分來自於其所處的環境，一部分來自於他們的身體素質。

從以上事例我們看出了精神對肉體的影響。精神也有可能引起人的某種病症，並影響整個身體的發育。目前雖然我們並不能證明這種說法是絕對的，但是也有一些可以證明的事例。一個膽小的男孩子也許會造成身體發育的萎縮。他不注重自己身體的鍛鍊，或者說，他根本沒有在意過自己的身體會發育成什麼樣。所以，他從來不積極鍛鍊身體。即使他看到外面有很多孩子都在鍛鍊，他卻對此毫無感覺。那些喜歡鍛鍊的孩子的性格自然比這個膽小的孩子開朗豪放。

從以上的事例中我們看到：精神會影響身體的形態和發育，身體反過來也會影響到精神上的不足。由精神引起的身體不適的事情我們常常遇到，那是因為這個人還未找到一種可以克服身體障礙的方法。比如，人的內分泌腺在四、五歲之前對孩子有著很大的影響。如果腺體有不足之處，雖然不會對身體有強制作用，可是卻總是被周圍的環境、孩子的喜好、他們腦海中活躍的思想所左右。

二、情感的作用

我們稱人隨生活環境所做的改變為文化。我們的文化是精神促使肉體去產生行為的結果。精神促使我們去工作，又指導著我們身體的發育。最終我們會發現人的每一種行為都是有目的性的。當然，精神也不是我們想像的那麼無所不能，要想克服困難還得有健康的身體作為保障。所以，精神就是這樣對環境產生影響的：它要讓身體免受疾病、死亡、傷痛、意外事故、衰竭的侵襲。我們感受快樂與痛苦、產生各種幻想、對事物的辨知能力，都有助於我們完成這一目標。

幻想和識別是預測未來的一種方式，不僅如此，它們還可以激發人的感知，使身體受它的支配。這樣，個體的人生態度和奮鬥目標就為感知規定了限制。感知雖然在很大程度上仍然對身體有著支配作用，但是對身體並沒有依賴作用，它主要由個體的目標和人生態度所決定。

顯然，一個人的行為不單單受人生態度的約束。如果沒有其他方面的幫助，態度是不會產生行動的，還需要強制的方法。新的個體心理學認為：感知和人生態度是不矛盾的，一旦有了明確的目標，感知總是以目標為中心進行調整。所以，這一點已經超出了生理學和生物學的範圍。感知的根源也不能用化學理論和化學實驗進行解釋和預測。在個體心理學中，我們雖然關注的是心理上的目標，但是必須以生理學為基礎。比如，我們不會過於關注焦慮對交感神經和副交感神經的影響，而是關注焦慮的目標。

據以上觀點可知，焦慮產生的原因並不是壓抑性欲和難產引起的後遺症。這樣的說法簡直荒唐。我們知道，那些習慣被母親呵護、陪伴的孩子會發現，他們無論何種原因的焦慮都會引起母親的注意，所以這就成為他們控制自己母親的方式。據經驗得知，發怒也可以有效地控制某人或某種局勢。當我們認為身體或精神的特徵都是來自遺傳時，必須關注遺傳在向目標前進的過程中所產生的作用。這好像是心理學研究的唯一對象。

從任何人身上我們都會發現，感知是朝著某一個方向發展的，並且它對人類實現目標有著舉足輕重的作用。不管是快樂的憂傷的、勇敢的萎縮的，情感和人生態度總是相適應的，他們的表現方式和程度也和我們預料的幾無差別。總是在經歷了痛苦之後才有了優越感的人，不會因為這點成就而變得快樂。如果我們多加注意，就會發現感知也是可以被我們呼來喝去的。那些患有廣場焦慮症的人，獨自一人在家或者派遣別人去做事時，他的焦慮就會消失。精神官能症患者當感覺到自己不能指派任何人時，就會排斥生活中的任何方面。

情緒也和人生態度一樣固定不變。比如，膽小的人總是膽小，雖然他們在有人保護的時候不會害怕，或者在弱勢的人面前會變得氣勢強大，但內心的恐懼感仍不會消失。在他的房間裡可能會有三層防盜鎖、幾隻看門狗和幾個報警器，卻依然吹噓自己如何勇敢。本來不會有人認為他是膽小怕事的，但是他過於謹慎的行動已經告訴了人們他的焦慮。

性欲和戀愛也與此相似。如果一個人的心中有了性的目標，就會產生性的感知力。在他的腦海中，除了認定的性目標，對其他人均無興趣，由此他的性器官也會產生相應的感覺。可是當這種感覺消失或者不正常時，他就會出現陽痿、早洩、性冷淡甚至變態等症狀。這足以表明他不想放棄那些不利於身心健康的行為。這些往往是由於不正確的優越感和人生態度造就的。在這樣的事例中，我們常常看到這樣的情形：他們不去體恤對方，卻一直在乞求著對方為自己著想。他們不但沒有社會情感，他們的勇氣也不足，人生態度同樣有誤。

我有這樣一個病人：

他是家中的次子，他被自己內心的罪惡感深深地折磨著。在他的父親和哥哥眼中，他對誠實極為注重。在七歲那年，有一次他讓哥哥代替他做作業，然而他卻向老師撒謊，說那是自己做的。這件事帶給他的罪惡感一直纏繞了他三年。後來，他終於鼓足勇氣向老師說明了一切，而老師卻付之一笑。然後，他又哭泣著向父親訴說了這件事。父親沒有表現出毫不在意的表情，而是對他誇獎了一番，並為有這樣誠實的孩子而感到驕傲。但即使得到了父親的原諒，他的內心仍沒有平靜下來。從事例中我們可以看出：一個孩子因為犯了一個微不足道的錯誤卻如此自責，只不過是想證明自己是一個真正誠實的孩子。家庭中高尚的道德觀念使他在品格方面比他人優秀。因為他在學校和社會生活中的成績都比不上哥哥，所以就想藉由其他方法獲得別人的贊同。

後來，他又因為自己染上了其他壞習慣而陷入深深的自責中。他常常手淫，並且在考試中做弊的毛病也一直沒有改掉。每次考試過後，他的罪惡感就會加深一層。隨著年齡越來越大，他的這些毛病就越來越難改。他的內心是脆弱的，所以壓力也比他的哥哥大很多。只要他在某一方面上的成就比不上哥哥，就會為自己找各種理由。在離開學校後，他想去工作，可是由於內心的罪惡感一直折磨著他，他整天在乞求上天的寬恕。就這樣，他連工作的時間都想著這些事。

如今，他的精神已經極度不正常，所以不得不來到精神病醫院。醫生們都對他束手無策。但是，一段時間以後，他的身體卻開始轉好了。他將要出院的時候，醫院告訴他，如果有什麼不適可以再次來醫院複診。之後，他卻面對著所有的教徒跪下，哭喊道：「我的罪孽太過深重了！」他的內心再一次變得無比脆弱，所以，他又在醫院住了一段時間才回到家中。有一天，他竟然一絲不掛地出現在了餐廳裡。因為他的身材的確很好，這一點足以比得過他的哥哥和其他人。

他的罪惡感可以讓他變得更加誠實，也可以讓他努力發揮自己的優點。可是，他的發展方向卻出現了錯誤。他不想考試、不想工作，都證明了他是一個膽小怕事又不自信的人。並且他的任何一種精神病症都說明他極為害怕失敗。他在教徒面前的行為和裸體進入餐廳的行為，表示了他可以不顧一切地獲取優勢。他的人生態度引導著他行為的發生，而他的感知又和他的目的是一致的。

還有一種我們較為熟悉的行為可以證明精神對身體的影響，它能夠引起身體短暫的表現而不是固定的特質。實際上，我們的情感在某種程度上來講是藉由身體表達出來的。人的感情往往藉由自身的動作表達出來，比如某種姿勢、態度、表情和四肢的擺動。人體內的器官同樣會發生這樣的變化。比如，人的臉是紅潤還是蒼白，這就是血液循環的變化。每個人都有自己的肢體語言，而他們的肢體語言也都是可以藉由憤怒、焦慮、疼痛或其他感情來表現出來的。

當人遇到恐懼的事情時，就會出現很多不同的反應：頭髮豎起、心跳加速、冒冷汗、呼吸緊促、聲音嘶啞、渾身顫抖、動作僵硬等。有時，它也會影響人的身體健康，比如食欲不振或噁心嘔吐等。情緒的變化有時會影響到人的膀胱，有時則會影響到人的性器官。很多人在遇到考試的時候就會出現性亢奮，我們應該知道，有很多人在犯罪之後常常去找女人發洩一番。在醫學界，我們將性欲和焦慮看成同胞兄弟，但是有的人則認為兩者沒有任何關係。他們的觀點都是從主觀出發，由經驗得來的。對於有些人來說，他們之間有聯繫；對於其他人則沒有任何關係。這些反應因人而異。

研究發現，這些反應和遺傳有著一定的聯繫。從中我們也可看出一個家族的弱點和特徵。在特定的情境下，同一家族的人常常表現出相似的表情或行為。但是，最有意思的還是，我們可以藉由這些情緒來觀察大腦是如何對身體進行支配的。

情感以及他在身體上的表現，可以讓我們知道大腦是怎樣對環境的好壞做出判斷的。比如，一個人在生氣的時候，總是想極力克服這種情緒。這時他最好採用攻擊、指責、謾罵他人的方式進行發洩。生氣也會使我們的器官受到影響，它會刺激各個器官並使之變得緊張。有些人生氣就會胃疼、臉脹得通紅、血流加快、頭腦混亂。一般情況下，人在壓制怒火或受到羞辱後易犯頭疼，而有些人則會引發三叉神經疼或癲癇。

對於精神影響身體的具體原理和方式，人們還從未作過全面探索，我們對這些同樣也不可能完全理解。精神緊張時自主神經系統和非自主神經系統都會受到影響。精神一緊張，自主神經就會主動上前「幫忙」，之後就會做出某些動作，比如敲桌子、咬嘴唇、撕紙等。當人受到威脅的時候也會出現像咬鉛筆、啃指甲等行為。在陌生人面前臉紅、顫抖或肌肉緊張都是一樣的道理，也是焦慮和緊張的原因。在非自主神經的作用下，這種緊張就會傳遍全身。所以，任何感情的出現，都會導致緊張的狀態。但是，這種緊張不會像我們所列舉得那麼明顯，因為在事例中提到的僅僅是由神經緊張引起的明顯的身體狀況。

在進一步的研究中，我們還會發現，人在表達任何一種情感的時候，都會刺激身體的每一部分，並且這是精神和肉體相互作用的結果。精神和肉體的相互作用對於我們來說極為重要，因為它是我們關注的整體的一部分。

從以上的證據中我們發現：一個人的人生態度和情感會對身體的發育造成持續性的影響。事實確實如此，孩子的性格和人生態度在早期就有了整體的模式，如果你經驗豐富，在此時你就可以預測到他們以後的發展狀況。人的態度會在他的體格中顯現出來。勇敢的人往往是體型較大，肌肉結實，站姿挺拔的。他的生活方式和情緒也會對他的身體造成影響，也許這也是肌肉健美的原因。勇敢的人連表情都與眾不同，他們的外表甚至骨骼都是與一般人大不相同的。

如今，我們已經確信精神對大腦有著影響作用。病理學研究發現，一個人如果大腦的左半球受到了損傷，從而喪失了閱讀和書寫能力，那麼大腦的其他部分會藉由訓練來彌補這一缺陷，從而使其功能變得正常。在中風者的身上我們常常看到這種情形，他們要想使他們大腦受損的部分修補好幾乎不可能，可是大腦的其他部分會對它進行補充，使喪失的功能重新獲得。這一事實告訴我們個體心理學是可以應用於教育方面的。如果精神對大腦的影響如此大，如果大腦僅是一個工具（即使是極為重要的工具，也仍然是一個工具），我們就可以尋找開發和改進這個工具的方法。那些腦病患者都不想甘受疾病的折磨，他們會訓練大腦的其他部分，使大腦更加適應生活。

比如，當我們定位目標的方向出現錯誤的時候，精神就不會與大腦很好地合作，也不會幫助行事。所以，我們發現很多欠缺合作精神的孩子，在長大後，智力和理解力的開發程度不夠。從他們成年後的行為中我們可以看出他們在四、五歲時對生活的認知，還有他們對人生態度和世界觀的看法，從中我們就可以找到他們生活中的障礙並幫其克服。個體心理學對於這方面的研究已經起步。

三、身心的不同特徵

精神表現和肉體表現之間存在一種恒定的關係，已經成為許多學者的共識，但是卻沒有人想找出兩者之間的連帶或因果關係。比如，克雷奇默（Kretchmer）就曾說過藉由人的體貌特徵研究一個人的精神和情感特徵的方法。他以明顯的差別將人們劃分為不同的類型，就像矮胖型的人都是圓臉、短鼻子、肥胖，就像莎士比亞在《凱撒大帝》中的描述一樣：

「我願我的周圍都是胖子相伴，他們肥頭大耳，能吃能睡。」（《凱撒大帝》第一幕第二場）

克雷奇默將人的體型和精神聯繫在一起，但是這樣聯繫的原因他卻沒有提到。在現實中，這種人並不會受到人們的輕視，我們也可以接受他們的相貌。他們也會覺得自己和常人一樣。他們力氣大，有自信，心平氣和，即使與人打鬥也毫不畏懼。但是，他們不必認為別人都是他的敵人，也不必認為生活中充滿了敵意。心理學中的一個派別稱這類人為外向型人，可是沒有說出原因。我們說他們外向，也許是他們並沒有因為自己的身體而感到苦惱。

在克雷奇默的描述中，還有一種精神分裂型的人。他們不是長得很小就是長得很高；他們的鼻子很長，腦袋很尖。這種人常常不愛言談，性格內向，只要受到了精神上的刺激，就極易患上精神分裂症。《凱撒大帝》中也有對這種人的描述：

「看卡修斯那副面黃肌瘦的模樣，他心思很重，是個危險的人。」（《凱撒大帝》第一幕第二場）

也許正是因為身體上的缺陷讓這些人變得越來越關注自我，從而越來越悲觀和內向。他們也許想得到別人的關注，可是有一天他突然發現別人對自己的關注度不夠時，便會變成尖刻多疑的人。其實，正如克雷奇默所說，精神分裂症型的人身上所具有的精神特徵，那些混合型的人或者矮胖的人中也會有。如果是因為環境的作用，使他們變得畏畏縮縮，喪失自信，我們完全可以理解。因為任何一個孩子如果總是被人捉弄，也會變得自信不足，甚至變成精神病病人。

在長期的經驗中，我們看到了人與人合作的程度。因為我們不知道人與人之間可以合作到何種程度，所以一直在摸索中尋求答案。在生活中我們已經看到了合作的重要性，也已經感受到了在紛雜的世界中為自己定位的必要性。我們同樣可以看到，在那些重大的歷史變革之前，人們的思想已經對此有所意識，並努力去促使它成功。這種努力是一種本能的表現，所以錯誤就在所難免。那些行為古怪、長相醜陋的人總是不受歡迎的。不知道為什麼，人們總感覺和這樣的人合作很困難。其實這種思想並不正確，也許是因為有的人有過合作失敗的經驗才這樣認為的。如今，我們仍沒有找到與這種人合作的最佳方法。因此，他們的缺陷常常被我們誇大，他們本人自然也就因為缺陷而成為眾人排斥的對象。

現在我們對以上的觀點進行總結。在四、五歲的時候，孩子的奮鬥目標便開始統一，精神和肉體的關係也變得緊密起來。孩子的人生態度已經基本形成，其情感世界、身體上的行為特徵也隨之產生。這種人生態度決定了具體的社會合作程度，從中我們可以對此人加以了解。比如，失敗的人合作能力差，這是他們的一個共同特徵。如今我們可以給心理學再下一個定義：它為了了解一個人合作的缺失程度。精神是一個整體，一個人的人生態度會貫穿他的一生，一個人的思想和情感也會和人生態度一致。如果我們看到某些情感出現了問題並且違反了自身的利益，你也總是很難去改變，因為這是人生態度的真實反映，只有改變了人生態度，才會使情感得到變化。

在此，個體心理學為我們的教育和治療提供了一個啟示。我們不能對於某一個病人或者某一種性格的人進行單獨治療。我們必須了解這個人在對人生進行選擇時的錯誤思想、對人生的錯誤解讀、自身的經歷、他對周圍環境的錯誤看法等。這才是心理學真正要研究的東西。而有些事並不是我們要研究的東西，比如，用針扎一下他們，看他能跳起多高；用手去撓他，看他笑得有多響。實際上，這種做法很普遍，這麼做只能表明一個人的心理狀態是怎樣的，最多也只是說明他在某一層面上的人生態度是怎樣的。

心理學中一個永遠值得研究的話題是人生態度問題，而其他課題的心理學研究的則是生理學或生物學的問題。這樣的說法對於那些研究刺激與反應、精神的創傷和感情經歷的緣由、遺傳對人的作用的人來說非常適合。但是個體心理學研究的只是人的精神問題。我們了解人們對世界的看法，只不過是想了解他們的目標、奮鬥的方向和對待人生問題的態度。如今，我們理解一個人的最佳方法就是看他的合作能力如何。

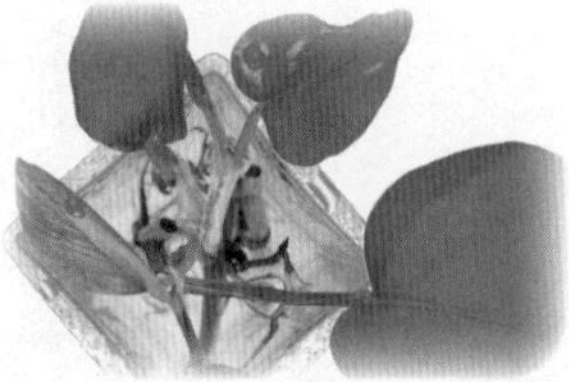

在現實中，很多左撇子的孩子畫畫和寫字都比其他孩子漂亮得多，手工藝也做得同樣好。因為他們找到了正確的方法，有著做好事情的動力，然後加上自己的努力，就會轉劣為優。

第三章
CHAPTER 3

《自卑感與優越感》

每個人的心中都有不同程度的自卑感，因為我們都想讓自己的生活變得更好一些。可是，如果我們充滿信心，用簡單實際的方法去改變我們的生活，自卑感就可以慢慢消除。

一、自卑心理

個體心理學的重大發現之一——自卑心理，已經眾人皆知。很多學派都在使用這一名稱，並將其應用到實踐中。但是，我卻不敢肯定他們對這一名詞是否使用恰當或充分了解。比如，醫生告訴病人：自卑沒有任何益處可言，那麼此人的自卑感反而會越來越重，根本達不到克服的目的。我們必須找到他人生態度的缺點所在，並在他缺乏勇氣之時給他以鼓勵。

精神官能症患者都有自卑心理存在。但是我們並不能根據這一點將精神官能症患者和其他類型的患者分開。我們只能從他對生活的失望感，和他的努力和活動受到限制的程度來區分。如果我們對患有自卑症的人說：「我知道你在受著自卑的折磨。」這根本無法產生任何作用，更不能給他以勇氣。這就好比對一個頭疼的患者說：「我知道你有頭疼的毛病。」

如果我們問那些精神官能症病人是否有自卑感，很多人都會說「沒有」。甚至有的人會說：「恰恰相反，我覺得我比別人都強。」所以，這樣的問題我們根本沒有必要提問，我們只須觀察此人的言行舉止，就可以看到他在用什麼方法顯示自己不可一世的樣子。比如，我們看到一個傲氣十足的人，就可以猜出此人的想法：「不要輕視我，我要讓你們看看我是很強大的。」如果他在說話時總是指指點點的，我想他可能認為「不這麼說話是沒有人相信我的」。

在這些自高自大的人心裡，其實都有一種隱藏的自卑感。這就好比那些身高不足的人走路常常踮著腳一樣，這樣會讓他看起來高一點。這就像兩個孩子比個子，害怕比不過對方的孩子常常挺直了身子站在那裡，他想盡力讓自己看起來高一點。我們如果問他：「你是不是覺得自己不夠高？」他定然不會承認。

所以，我們不能認為表現安靜、乖巧、穩重的人就是有自卑感的人。自卑感的表現多種多樣，也許這一點我們可以藉由以下的例子加以說明。

三個孩子第一次去動物園，當站到關著獅子的鐵籠子面前時，第一個孩子嚇得躲到了媽媽的身後，說：「我要回家。」第二個孩子在原地不動，臉色卻變得蒼白，渾身顫抖，可是嘴上卻說：「我一點也不怕它。」第三個孩子則瞪著獅子說：「媽媽，我可以向牠吐口水嗎？」實際上，這三個孩子都很害怕，但是表現方式卻不相同，這是由他們的人生態度決定的。

每個人的心中都有不同程度的自卑感，因為我們都想讓自己的生活變得更好一些。可是，如果我們充滿信心，用簡單實際的方法去改變我們的生活，自卑感就可以慢慢消除。人不會一生都存有自卑感，這樣會使他難以承擔，所以必須找到合理的解決辦法才行。即使一個人失去了自信，不再想腳踏實地地努力以改變自己的生活，他仍不想被自卑感困擾，仍然時時刻刻想擺脫這種感覺。雖然他的目的仍是克服所有困難，但是他卻不為之努力，只是尋求一種自我安慰，甚至強迫自己認為有優越感。但是，這樣做不但無法消除自卑感，反而會越來越強烈。因為他無法解決問題的根源，所以他走的每一步都在自欺欺人，生活中的問題也會緊緊跟隨他，以至於壓力越來越大。

如果我們只看他的行動而不去了解其內在意義，就會認為這種行動沒有任何目的性。我們並不能從他的行動中看出要改變自己生活的動機。我們看到的是：他與其他人一樣，極力爭取一種充實感，但是卻對改變自身處境沒抱任何希望，我們覺得他的任何行動都有這種色彩。如果他感到了自己的軟弱，他就會到一種讓自己看似強大的環境中去。他讓自己變得強大的方式並不是發展自己、讓自己變得充實，而是讓自己在心中變得不可一世。這種方法顯然沒有任何作用。如果在工作中遇到了不可解決的困難，他就會將氣撒在家人身上，以此來說明自己依然有威嚴。但是不管他怎樣自欺欺人，客觀事實終究不可改變，自卑感也不會有絲毫減少。久而久之，他的自卑感就會成為潛藏在心底的暗流，我們將這種情形稱為「自卑心理」。

到此我們應該給自卑情結下一個明確的定義。當一個人遇到他無法解決的問題卻深信自己能夠解決時，就會表現出自卑情結。從中我們看出，不管是憤慨、淚水還是歉意，都是自卑的一種表現。因為自卑感會給人帶來巨大的壓力，所以他們就想藉由一種優越感來釋放自己，但是這種方法對於解決問題無濟於事。他們往往將真正要解決的問題擱置一旁，而從那些亂七八糟的小事中尋求優越感。他會約束自己的行為，避開導致失敗的因素，而不是勇敢向前，爭取勝利。在困難面前，他們會表現出猶豫不定、不知所措、畏畏縮縮。

在那些患有廣場恐懼症的人身上我們也可以看到這種情形，他們心中一直認為：「我必須在熟悉的環境中待著，不能走遠。生活中的危險太多，我必須躲開。」如果這種思想一直存在，此人就會將自己關在一個房間裡，不肯出來甚至不肯下床。

在困難面前，最大的退縮表現就是自殺。此時，面對生活中的困難，這個人已經放棄了解決問題之道，且表現得無能為力。如果自殺被看作一種譴責或報復的話，我們就可以認為自殺的人同樣在爭取一種優越感。選擇自殺的人總是把責任推給別人，他們好像要告訴別人：「我是那麼敏感、脆弱，可是你們卻那麼殘忍地傷害我。」

從某種程度上來講，幾乎每個患有精神官能症的人都會限制自己的活動範圍並避免與外界接觸。他們想避開生活中的三大問題，讓自己生活在自己可以主宰的範圍內。就這樣，他為自己築起了一間「密室」，關上門，獨自過遠離世事的生活。他還會根據自己的經驗選擇使用恐嚇的方法還是哭訴的方法統治自己的領地，總之，他們會選擇最有效的手段。如果一種辦法不行，他就會轉而選擇另一種，可是目的卻是相同的——獲得優越感，但不改變自己的處境。

比如，那些沒有足夠能力的孩子，發現眼淚能幫他爭取一切時，就會變成一個「愛哭鬼」，這種孩子以後會患憂鬱症。我們稱眼淚和抱怨為「水性的力量」，它們是破壞和諧、支配他人的一種有效手段。愛哭的孩子和那些膽小畏縮、有罪惡感的孩子一樣，自卑心理會顯露在表面。這些人會說自己無力照顧自己，他們想將自己超越別人、獨霸天下的目標深深隱藏起來。相反，喜歡吹噓的孩子則給人自高自大的感覺，但是如果我們撇開他的言語只觀察他的行動，就會明白，他們是那種不承認自己有自卑心理的人。

其實，戀母情結也是精神官能症的一種特殊表現。如果一個人不能輕鬆地解決這個問題，也就無法克服自己的病症。如果他只把自己局限在家庭的「小城堡」中，我們就不能理解為什麼他也總是在這個範圍之內解決自己的性欲問題了。因為缺乏安全感，他從不會將興趣放在自己熟悉的人之外。因為他已經習慣於在自己的範圍內掌控他人，所以害怕控制不了這一範圍之外的人。這種孩子大都在家過於嬌慣，他們從小到大只認定一點：他們的願望就是必須執行的法律。所以他們沒有想到過到家庭之外去贏得愛情。這種人即使長大成人，也會愚忠於母親。在愛情的世界裡，他們想找的並不是平等的愛人，而是一個供他奴役的僕人，而他最忠實的僕人就是自己的母親。若母親對孩子過於寵愛，不讓他去關注別人，也不讓他與父親相處，那麼戀母情結會發生在任何孩子身上。

在精神官能症患者的身上有一大特徵表現：行為受限。結巴的人在講話時總是猶猶豫豫的樣子。他們想與人交談，但是因為有自卑心理，總害怕別人不搭理他，所以說話時總猶豫不決。那些學校的成績較差的學生，邁進中年仍找不到工作的人們，害怕談婚論嫁的人，強迫自己重複一種動作的患者，總是精神不振的失眠症患者，都會表現出一種自卑心理，這致使他們無法解決自己生活中的問題。有自慰、早洩、陽痿或者性變態的人都沒有正確的人生態度，因為他們在與異性相處的過程中得不到性欲的滿足。如果我們問他們：「為什麼你總是無法得到滿足？」他追求的性對象就會說：「這個人太愛胡思亂想了。」

我曾講過，自卑感並非只有壞處，它亦可促使人去改變自身的處境。比如，人類只有認識到自己的無知，才會作好準備迎接未來，才會促使科學進步。它可以讓我們改變自己的生存狀況，進一步了解宇宙，更好地開拓生存環境。的確，人類文化的基礎就是擁有自卑感。我們可以假設一個外星人來到了地球，他們一定會問：「地球人總是努力開辦各種協會、機構，盡力求取安全，為了避雨蓋上房子，為了保暖穿上衣服，為了方便鋪設道路，他們一定是地球上最脆弱的群體。」從某種程度上來說，事實的確如此。我們不如獅子和猩猩力量大，也不會像很多動物一樣具有自我保護的本能。有些動物為了避免自身的缺點，會採取群居的方式，可是我們人類如果群居在一起，力量會遠遠超過那些動物。

我們都知道嬰兒的身體是很脆弱的，孩子有很多年的時間都需要別人精心地照料。

正因為每一個生命都是從脆弱的時候開始的，也正是因為人類之間如果沒有合作就只能受環境的擺布，由此我們就可以很容易地明白，如果孩子不在合作中鍛鍊自己，就會越來越悲觀，產生很深的自卑心理而無法自拔。同時我們還知道，人生中的問題總是接連不斷的，即使非常善於合作的人也會遇到各種難題。誰都不會認為自己已經超越了世上所有的人，主宰了世界的一切。我們的身體雖然脆弱，生命雖然短暫，但是仍要對人生的三大問題不斷豐富和補充。我們可以先找一個暫時的答案，但是絕不可以只滿足於現在的成績。無論怎樣，我們都要繼續努力，而努力的前提則是與人合作，這樣的奮鬥才有意義、有希望，這樣才能使我們的環境得以改變。

人類永遠不會達到自己終極的目標，這是眾所周知的。如果某個人或整個人類已經到達了不存在任何困難的境地，那麼未來的一切都可以預料，任何事都可以提前做好，這樣的生活就會變得索然無味。未來不會出現任何出人意料的事，那我們還期待什麼呢？事實上，正是生活的不確定性引起了我們人類的興趣。如果我們對任何事都一清二楚了，我們想知道的事都已經知道，那麼探索和發現還有存在的必要嗎？科學也就走向了終點，我們的生活好像成了一段耳熟能詳的故事。曾被我們追求的藝術和宗教，也將失去其原有的意義。不過還好，生活並非這麼容易就被耗盡。人類在不斷地奮鬥，我們也總能發現和提出新的問題，並積極合作為社會做出貢獻。

然而，精神官能症患者在成長之初就遇到了阻礙。他只是從表面上去解決人生的各種難題，所以他所面臨的困難更多。正常人會合理地解決某一個問題，然後再去面對另一個問題，轉而找到新的辦法。這樣，他們就為社會做出了貢獻。他們不甘心居於人後，不想成為他人的負擔，也不需要別人的特殊照顧，他們會依照自己的人生態度和對社會的認知勇敢行事，獨立解決問題。

二、對優越感的追求

人人都有的對優越感的追求，具有唯一性。它取決於個人劃定的人生意義，這種意義並非只是表面文章，而是展現在了一個人的人生態度中，它就像一首自創的美妙曲子貫穿人的一生。但是，在他的人生態度中，他並沒有將這種目標很直白地表現出來，它的表現形式很委婉，我們只能從它提供的線索中慢慢尋找。了解一個人的人生態度就像解讀一位詩人的作品。詩人的文字不多，意義卻異常深遠，只有我們動用自己的直覺和研究才可以推敲出來。對於深奧、複雜的人生哲理，心理學家也需要像我們解讀詩歌那樣，從其字裡行間中推敲，品讀生活的意義。除此之外，別無他法。

在我們四、五歲的時候，就已經懂得了人生的意義。這並不是藉由數學精算出來的，而是在暗中摸索得到的。我們就像盲人摸象一般在整體中摸索，對事物的局部一點點地認識，然後做出相應的解讀。我們對於優越感的追求同樣是在暗中摸索而出的，它是我們的一種追求，是一種動力，不是地圖上的某一個靜止的點。沒有人能夠說出自己優越感的目標是什麼，也許他有自己的職業目標，但那只是人生目標的一部分。即使有了確定的目標，通向目標的路途也各不相同。比如，一個人想成為醫生，可是作為醫生需要他具備很多素養。他不但要有專業方面的知識，還要有和善仁慈的心。我們要看他對人的關心到了怎樣的程度，還要看他要求自己幫助他人到什麼程度。這一職業其實就是他對自己自卑感的一種補償，並且我們還要從他的工作以及領域成就中，推測出他正在使自己這種特殊的感情得到彌補。

比如，很多醫生在早期都耳聞或目睹過死亡的事例。而這種事情給他們最深刻的印象就是：人生是沒有安全感的。也許他們的兄弟姐妹或者父母死去了，這就激發了他努力學醫的決心，以找到一種與死亡相對抗的方法。有人說自己想當老師，但是老師的類型也是多種多樣的。如果一個老師的品格修養不足，那麼他就可以藉由當老師的方法來讓自己獲得優越感。只有和那些比他弱小或者經驗不足的人在一起，他才會有一種安全感。可是那些品格修養很高的老師則會平等地對待學生，為人類做出自己的貢獻。在此我需要提醒一下，老師之間不僅有能力和興趣的差異，他們的目標對其行為也有著很大的影響。如果他有明確目標，個人潛能就會為了適應這個目標而被壓縮或限制，但是整個目標卻是不會變的，他要找到一種正確的方法表達人生的意義並獲得最終的優越感。

所以，對於任何人來說，我們都不能只看表面現象。就像一個人可以輕易改變他的某一個目標一樣，比如他可以隨意調換工作，所以我們必須尋找其潛在的一致性，並尋求性格上的統一。人的性格不論以怎樣的方式表現出來，都是固定不變的。就像我們拿到了一個不規則的三角形，當我們將它放在不同位置，或者以不同的角度去觀察它時，就會覺得它有所變化，然而實際上，它始終是原來的那個三角形。個人的性格也與此相同。我們無法從行為舉止的一個方面去判定其整體情況，但是從其全部表現中卻可以看到。我們不可能說：「如果某人獲得了某一方面的成功，他就獲得了人生的優越感。」爭取優越感的過程並不是固定的，一個人身體越健康，精神就越正常，在某方面遇到困難時，就越能找到最佳辦法。只有精神官能症患者才會只認定一個目標說：「我就認定了這個，別的都不行。」

我們都不會對爭取優越感中所發生的特殊情況急於評價，但是我們卻發現，這些行為都有個共同的目標——希望做人上之人。有時我們會在孩子的口中聽到這樣的話：「我要成為上帝。」很多哲學家同樣有這樣的想法。老師也希望將孩子培養成上帝般的人物。在古老的宗教中，這種目標更是顯而易見——教徒們必須以這種方法修煉，使自己成為超凡脫俗的聖人。而「聖人」的觀念其實也隱含著上帝之意。尼采在發瘋後，曾寫信給斯特林堡，署名為「被釘在十字架上的人」，由此可見，其思想中也有這種理念。

那些瘋子常常很直白地將自己想成為神的願望表達出來，他們會說「我是拿破崙」

或「我是皇帝」。他們想成為眾人矚目的焦點，想成為眾人膜拜的對象，想成為世界的主宰，他們希望自己擁有預測未來的超凡能力。

也許，這些人想藉由一種溫和、合理的方式將自己想成為世界主宰的思想表達出來。可是，不管我們是想讓自己永生於世，還是想在人間反覆輪迴，或想預知另一世界的情況，都是以成為上帝般的人物為基礎的。在宗教思想中，上帝是永不滅亡的，他可以劫後重生。我們暫且不說這種說法的對錯，這些都是對人生的解讀，都是人生的意義。在某種程度上我們都有這樣的認知——上帝是至高無上的，我們也希望自己像上帝一樣。

一個人只要確定了自己所追求的目標，他的人生態度就會為此服務，所有的行動也會與這一目標相一致。個人的行為和習慣不管正確與否，也都會遵循這一目標。那些問題兒童、精神官能症患者、酗酒者、罪犯、性變態者的生活方式與他們所追求的目標也是一致的。所以，我們指出他們行動上的錯誤不會產生任何作用，因為他們的目標就是如此，行動也必然與其相適應。

有一個男孩，他是學校中最懶惰的學生。有一次，老師問他：「為什麼你的成績總是那麼差？」他卻說：「如果我是班裡最懶的孩子，你就會把更多精力放在我身上。你幾乎很少注意那些上課安安靜靜、按時完成作業的好學生。」

他的目的就是吸引老師的目光，而這種作法偏偏達到了他想要的目的，所以他的毛病就不需要改正了，懶惰反而成就了他的願望。從這一角度來說，他沒有任何錯誤，如果他將自己的毛病改掉，反而成了一個十足的傻子。

還有一個這樣的孩子，在家裡他很老實，甚至略顯愚鈍、笨拙，在學校他成績也不好。他有一個大他兩歲的哥哥，人生態度則與他全然不同，既聰明又活潑，可是因為行為莽撞總是惹事。別人曾聽到弟弟對哥哥說：「我寧可笨一點，也不要像你那樣魯莽。」

如果我們認為弟弟的作法是在避免麻煩，那就會以為他的愚笨是智慧的表現。因為弟弟天生愚笨，所以別人不會對他有過高的要求，即使做錯了事也不會有人訓斥。從這一目的來看，他並不是真的笨，而是裝出來的。

從古至今，治病的目的幾乎都是消除病症。但是無論從醫學還是教育學來講，個體心理學都不贊成這種作法。如果一個孩子的數學成績很差，我們看到這一問題，卻只想設法提高他的成績是不產生任何作用的。他也許正想為難老師，甚至想讓學校將他開除。如果我們將他的這一錯誤糾正，他還會犯其他錯誤。

這類孩子和精神官能症患者有相似之處。如果一個人患有頭疼的毛病，頭疼也曾被他當作擺脫問題的辦法，那麼在遇到難題的時候他就會立刻頭疼起來，這樣就可避免很多人生問題。當他被迫接觸陌生人或者做決定時，頭疼會立刻出現。同樣，頭疼對他向同事、妻子胡攪蠻纏，橫行霸道也是有所幫助的。這麼有效的方法，他怎麼可能在我們的幫助下放棄呢？在他看來，頭疼是一筆不可多得的財富，可以讓他得到想要的一切。難怪當我們說頭疼也可致命的時候，他的頭就再也不疼了呢。這就如同那些害怕上戰場的士兵在受到電擊或看到軍事演習時，病就消失了一樣。藥物也許可以緩解他的病症，也可以讓他放棄利用這種病症達到自己的目的。可是如果他的目的不變，他還會利用其他的病症來達到目的。當頭疼病痊癒後，也許失眠症和別的病症會隨後而至，只要他的目的沒有改變，他的病就會接連不斷。

有的精神官能症患者會快速地甩掉一種病症，然後添上一種新病。這些人是精神官能症患者中的老手，他們會不斷地給自己添加病症。如果我們拿心理治療的書籍給他們看，無疑是讓他們了解了更多他們還未曾體驗的病症而已。所以，我們必須找到他選擇這一病症的目的，以及這一目的和獲取優越感的目的的一致性。

如果在教室中，我找來一個梯子，爬上了黑板頂端並坐了下來，那些人肯定會說：「阿德勒博士瘋了吧！」他們不知道我拿梯子的原因，也不明白我為什麼要爬上去坐在那個毫不舒服的地方。但是，如果他們知道其中的原因——「因為他有自卑感，所以才坐到了黑板上，只有他身材高大、能夠俯視全班學生的時候才有安全感」就不再覺得我的舉動有多怪異了。為了達到目的我找了一個很好的方法，如果別人明白了我的目的，自然就覺得我拿梯子、上梯子成了合情合理的事。

只有一點讓我異常瘋狂——對優越感的解讀。除非有人告訴我，我的目標太荒謬了，否則我不會放棄自己的作法。如果我的目標沒有改變，當別人拿走我的梯子時，我還會拿椅子繼續爬上去；如果椅子也被拿走了，我還會看自己可以跳多高、爬多高，將腳踮到多高。那些精神官能症的人也一樣，他們的行為沒有錯，也無需受到指責。所以，我建議改變他們的目標，只要他們的目標變了，他們的思考和態度才會真正改變。這時，以前的行為和思想也就不再與目標相適應，就會出現新的行為、思想。

接下來看一個中年女人的事例：她來到我這裡，說自己內心焦慮，沒有朋友。她無法養活自己，依然靠家裡的接濟生活。她曾做過祕書這樣的小職員，但是那些老闆常常騷擾她，佔她的便宜，所以她為了避開麻煩只好辭職了。但是，在另一份工作中，老闆倒對她沒有什麼興趣，也從不對她動手動腳，可是她卻認為這是對她的蔑視。在她接受心理治療的八年中，我覺得，精神治療對她並沒有發揮多大作用，她仍不能很好地與人合作，也沒有找到合適的工作。

我在見到她時，一直詢問她童年的人生態度。如果不了解她的童年，我也不會了解她的現在。她是家中最小的孩子，長相很漂亮，在家中備受疼愛。那時她的家庭條件很好，幾乎要什麼給什麼。聽到這裡，我禁不住問道：「那你不就是像公主一樣嗎？」她說：「的確像，奇怪的是，他們之前就叫我公主……」後來，我問到了她最初的記憶，她說：「我記得在四歲的時候，有一天我出了家門，看到一些孩子在玩遊戲。他們一邊跳一邊說『巫婆來了』，我被嚇壞了，回到家中，問和我生活在一起的女傭『世上真的有巫婆嗎』，她說，『是的，有巫婆、小偷，還有強盜，他們都會跟著你。』」

從那以後，她就很害怕一個人獨處，並將這種恐懼帶到了全部的生活中。她說自己沒有能力離開家，她的生活必須有家人的照顧。下面還有一段關於她早期的記憶：「我曾經和一個男性鋼琴老師學彈琴。有一天，他想吻我，我立刻停止了彈琴，並跑去告訴媽媽。從此，我就對鋼琴沒有任何興趣了。」在此，我們可以看出，她在有意和男性保持距離。於是她身體的發育就和自我保護、排斥異性形成了一致。她認為談戀愛是軟弱的表現。

在此我想說，很多人在戀愛之後覺得自己變得很脆弱，其實從某種程度上來說，這是正常的。戀愛中的我們會變得很溫柔，並且對對方的愛慕也會比較容易使我們受到傷害。只有一個人認為自己永遠是強者、永遠不坦白自己的感情時，才會避免對愛情的依賴。這樣的人沒有做好戀愛的準備，也不會去接受愛情。我們發現，這種人如果感到自己有墜入情網的危險，就會將這段愛情毀掉。他們會挖苦或諷刺讓他們陷入愛情的人，並用這種方法擺脫自己的脆弱感。

這個女孩在觸碰到愛情和婚姻時，就會變得很脆弱。所以，在工作中有男人佔她便宜時，她就會心生恐懼，只想逃走。可是當她遇到這些事的時候，父母都不在身邊了，「公主」般的待遇也消失了。可是她還想靠著親戚來幫忙，這時，情況就不像以前那麼順利了。沒多久，親戚們就開始對她產生厭煩感，並且沒有人再去關注她。她很生氣地責備那些人，說：「讓我一個人孤單地生活，你們知道有多危險嗎？」這樣，她才算沒有落到無人搭理的地步。

我想，如果所有的親戚都拋棄了她，她肯定會瘋掉。她獲得優越感的唯一辦法就是強迫家人的供養，並幫她解決生活中的困難。她常常會有這樣的想法：「我不屬於這個星球，而是另一個星球的人，我在那裡是公主。這個星球的人不理解我，也不知道我有多重要。」如果再這樣下去，她肯定會被精神病困擾。但是還算幸運，她能得到親戚們的救濟，所以沒有走到最後一步。

在此我還想再舉一個例子，它會讓大家更清楚地明白自卑心理和優越感的問題。

我有一個十六歲的女病例。她在六、七歲的時候就開始偷竊，十二歲起就常常整夜不歸，和男孩子們鬼混。在她兩歲的時候，父母因關係不好離婚了。母親把她帶到了外婆家，外婆對她寵得不得了，這種情況是我們常見的。在她出生的時候，父母的關係已經僵到了極點，所以母親根本沒有關注過她。母親不喜歡這個女兒，所以母女關係很差。

我見到這個女孩，很友好地和她交談，她說：「其實我並不喜歡偷東西，也不喜歡和那些男孩子在一起，我做這些就是為了讓媽媽看，我要讓她知道她無法管束我。」

「那你這樣做完全是出於報復了。」我問道。

她說：「我想應該是這樣。」

她一直想證明自己比母親強大，可是既然她有了這一目的，就證明她實際上還是沒母親強大。因為母親對她並不喜歡，所以她有著一種自卑心理。她認為只有製造麻煩才能證明自己的優越感。童年時期孩子的偷盜行為或那些少年犯大都是出於報復的心理。

一個十五歲的女孩在失蹤了八天之後，被帶到了法庭上。她在法庭上自己編造了一個故事，她說自己被一個男人綁架了。那人將她綁在房間裡整整八天。沒有一個人相信她說的話。醫生在私下和她聊天，想讓她說出實情。她很生氣地問醫生為什麼不相信她，並且給了醫生一記耳光。當我見到她時，問她對未來的打算，我說我只想關注她以後的幸福、只想給她提供幫助。我讓她將自己做的一個夢告訴我，她笑了笑，最後給我講了這樣一個夢：我在一個酒吧裡，當我打算從裡面出來的時候，看見了媽媽。一會兒，爸爸也出現了，我讓媽媽把我藏起來，不要他看到我。

從中我們可以看出，她很害怕爸爸，並常常與他為敵。她以前常受到爸爸的責罰，所以為了不被懲罰，她就學會了說謊。當我們面對說謊的案例時，一定要看其背後是否有嚴厲的父母。除非說真話會帶來危險，否則說謊是沒有任何意義的。從另一方面，我們可以知道，女孩和母親之間有著一定的合作關係。後來，她向我坦言，有人將她引誘到一個酒吧中，在那裡待了八天。因為對父親的懼怕，她不敢講真話。但是她又想讓父親知道這件事，用傷害父親來顯示自己的勝利。因為一直受父親的壓制，所以她想傷害他，讓自己佔上風。

對於這些在尋求優越感時走錯了方向的人，我們應提供怎樣的幫助呢？如果我們知道每個人都有對優越感的追求，就不難理解這一問題了。我們可以換一個角度，對他們表示同情。他們的錯誤只在於為自己定的目標毫無意義。

正是那種對優越感的追求激勵著我們每個人，它是我們對社會做出貢獻的基礎。人類的偉大進程都是循著這一路線——從下到上、從失敗到成功、從缺失到充盈——前進的。但是，只有那種為了他人的利益而前進的人和那些為了社會的發展而奮鬥的人，才是能夠順利應對生活難題的人。

如果我們按照這種正確的方法去引導他們，就會很容易說服他們。人類對價值和成功的判斷，總是以合作為基礎，這是我們人類最偉大的共同點。我們對行為、理想、目標和行動的要求，都是為了促進人類的合作事業。任何人都不可能沒有一點社會情感。這一點連精神官能症患者和罪犯都一清二楚，他們同樣知道為自己的罪行辯解，同樣知道將責任推向他人。但是，他們已經沒有了正常人的勇氣。自卑的心理一直告訴他們：「你無法與他人合作。」他們離開了人生的正確軌道，拋棄了現實的問題，並沉浸在一種虛幻的自我安慰之中。

人類的分工各不相同，行業中的目標也不盡相同。正如我們所見，每一個目標都存在著一定的錯誤，我們總能從其中找到一些漏洞。但是我們人類需要的是不同類型的人才。有的孩子可能對數學方面興趣很大，有的孩子可能對美術更有天賦，有的孩子也許體力強於他人。對於一個消化系統有問題的孩子來說，可能更關注營養問題，他們會對食物有更大的興趣，他認為這樣做可以改善他的情況，最後他也許會成為廚師或營養師。在這些特殊目標中，我們發現：在對自身缺陷進行補償的同時，也許還會使一些不能實現的目標實現了，也會到達那些難以達到的目標。比如，一位哲學家需要遠離社會，安靜地思考和寫作；可是，如果他追求優越感中含有很大的社會責任感，他就不會犯很大的錯誤。

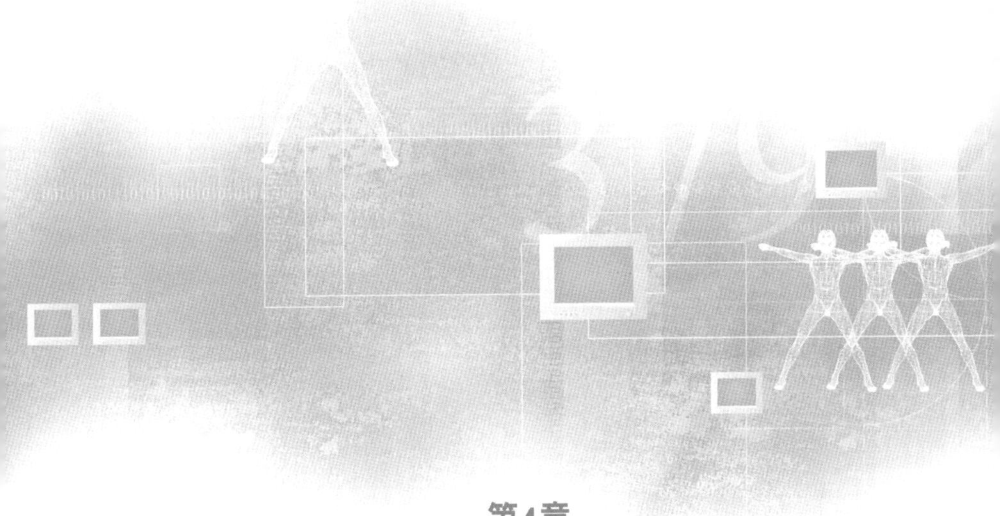

第4章
CHAPTER 4

《早期的記憶》

因為人對優越感的追求是決定他整體性格的最關鍵因素，所以在他精神發育的每一個關鍵時刻都可以看到這種追求。

一、個性塑造

因為人對優越感的追求是決定他整體性格的最關鍵因素，所以在他精神發育的每一個關鍵時刻都可以看到這種追求。了解了這一點，我們就會知道從兩個重要的方面可以幫助我們對人生態度進行了解。首先，我們從任何一種行為入手進行研究，他的每一種表現都會把我們引入一個方向——奮鬥的動機上。其次，我們的手中擁有了大量可供參考的資料，其中的每字、每句都有助於我們的了解。我們每一次在倉促之下做出的決定或評價都會出現不少錯誤，但是這些錯誤卻可以從他之後千萬次的表現中糾正過來。所以，我們只有將一種表現放在整體中去了解，才能確定它的意義；但是，每一種表現都反映出同一種事實，每一種表現都將我們引向同一個答案。

我們就像那些考古學家，在陶瓷瓦片、斷壁殘垣、古老的工具、破損的墓碑和殘缺的古書中尋找那已消失的城市的印跡。然而我們研究的並非已經逝去的東西，而是與我們息息相關的生活。這些遺留就像活生生的人，給我們講述了過去那個異彩紛呈的世界。

要想了解一個人並不容易。在所有心理學中，也許個體心理學是最難學習和運用的。我們必須對人的整體性格進行了解，從始至終抱有懷疑的態度，直到問題最終破解。我們必須從細枝末節中尋找線索，比如一個人走入房間的方式，他打招呼、握手、微笑或者走路的姿態等。也許我們在某一方面會出現錯誤，但是卻可以藉由對其他方面的了解加以糾正。治療實際上就是對合作的運用和檢驗。只有我們真正關注他人，才可以使自己的工作做得完美。我們必須設身處地為他人著想。他們也需要積極配合，以便於我們的進一步了解。我們必須將他的態度和出現的問題放在一起進行研究。當我們已經了解他們的時候，並不證明我們就是對的，除非他也了解了自己。不用藉由任何檢驗的真理不是真正的真理，這只能說明我們對他還不夠了解。

也許正是因為我們對此並不了解，心理學的其他學派才提出了「正轉移和負轉移」的概念，然而個體心理學卻從不這樣分類。縱容一個嬌慣成性的病人，也許會很容易贏得他的好感，但是這樣只會讓他的控制欲更加強烈，只要對他稍有怠慢或忽視，他定會與你為敵。所以，此時他會停止治療，即使繼續接受治療，其目的也是為了證明自己的正確性，並讓他人失望。用縱容或者忽視的方法根本不能幫助他，唯一有效的方法就是讓他將注意力放在別人身上。沒有任何一種方法比這更真實、客觀的了。我們必須在幫他找到錯誤的時候與他展開合作，這對他自己或他人都是有利的。出於這一目的的考慮，我們千萬不要讓他「轉移」，或者裝出一副權威的樣子，或者讓他繼續依賴他人，或者對他人不負責任。

在人的所有精神世界裡，只有記憶可以透露出人的真情。記憶就像他的影子，時時提醒著自身的限制和環境的意義。記憶都不是偶然存在的——每個人都會從他的記憶中找出那些他認為有用的東西進行保存，不管其清晰與否。所以，這些記憶就成了他的「人生故事」。於是他開始用這些記憶告誡或提醒自己，使自己全身心地投入到自己的目標中，並且利用過去的經驗，讓自己以一種成熟的態度迎接未來。在日常活動中，我們可以很清楚地看到人們是怎樣用記憶平衡情緒的。當一個人遇到困難變得沮喪時，就會想起以前的挫折。他在憂鬱之時，他的記憶中也會都是悲傷。然而當他心情愉快時，記憶也定會大不一樣。如果他想起了那些快樂的事，就決定了他樂觀的態度。同樣，當他遇到困難時，他就會喚起各種記憶幫他擺脫困難的心境。

所以，記憶和夢的作用是一樣的。很多人在需要做決定的時候，會夢到自己曾藉由的某次考試。他們將過去的考試看成一種試驗，想再次造就一種成功時的心境。那些在人生態度範圍之內的情緒變化的規律，同樣適用於一般的情緒結構和情緒平衡。即使憂鬱的人，想到那些快樂的事情或成功的時刻，也不會再那麼憂鬱。如果他常常說「我的一生都非常不幸」，那麼他就只會回憶那種不幸的事件。

二、早期記憶的作用

人的記憶和生活方式絕不會背道而馳。如果一個人在追求自己人生目標時，想到的總是「別人總是侮辱我」，那麼他的記憶中也總是那些被人侮辱的事。隨著他人生態度的改變，他的記憶範圍也將有所改變。他會記住不同的事情，或者對記憶中的事情作不同的解釋。

早期的記憶是極為重要的。首先，他們顯示出了形成人生態度的原因以及其最簡單的表達方式。根據一個人早期的記憶我們可以判定：這個孩子是否曾受到家長的溺愛或忽視；他合作能力的培養達到了什麼程度；他喜歡與怎樣的人合作；他遇到了怎樣的難題以及他的解決辦法。在一個先天弱視卻極力想讓自己看清東西的孩子身上，我們可以看到更多他對視覺的印象。在他的回憶中也許會是：「我望望四周……」或者描繪了一些顏色和圖案。一個身體有缺陷的孩子，則會對跑、跳、玩耍印象更深。一個人在兒時就記憶猶新的事情，肯定和他對事物的興趣有關，如果我們知道了他的興趣所在，也就可以知道他的人生態度和目標。正因為此，早期記憶在一個人的就業引導中發揮了很大的作用。

此外，我們還可以看出這個孩子與父母、兄弟姐妹之間的關係。記憶的準確性並不是最重要的，其最大價值在於他們代表了個人的判斷：「在我還是一個孩子的時候，就是這樣的人了。」或者「在很小的時候，我就知道世界是什麼樣子了。」

在所有的記憶中，他們講故事的方式和最早的記憶是最具代表性的。早期的記憶能夠說明一個人的人生觀，這是其人生態度的雛形。它可以讓我們看出他是以什麼作為自身發展的出發點的。如果我們不知道一個人的早期性格，就無從了解其真正的性格。

有時當我們問及他們的早期記憶時，也許會被拒絕回答，或者說不知道哪件事在先了，這同樣是對自身的一種揭示。我們可以判斷，他們不想讓我們了解他們的人生態度，或者不想與人合作。但是一般的人還是很願意和我們分享他們的早期記憶的。很少有人能夠理解早期記憶的意義，但是大部分人卻能夠從他們的早期記憶中說出自己生活的目的、自己與他人的關係，並能用一種中立的態度去評價周圍的環境。早期的記憶中濃縮了很豐富的資訊，值得我們深入探討。我們可以要求一個班的學生寫下他們早期的記憶，如果我們對他們的這些記憶做出解讀，就為了解這些孩子提供了重要的資料。

為了便於理解，我將舉幾個早期記憶的例子進行說明。除了他們的早期記憶外，我對他們都一無所知，甚至他們的年齡範圍我都不了解。我們在他們早期記憶中得到的意義本來是應該和他們的性格進行核對的，可是在此我們只是為了實踐我們的技巧，猜測出他們記憶中的其他意義。我們必須知道哪些事情是真實的，並對其記憶進行比較。尤其是我們能夠從中知道一個人是否具有合作精神，勇敢還是膽怯，希望被關照還是具有獨立精神，喜歡付出還是只懂得接受。

①「因為我的妹妹……」

我們必須注意在早期記憶中出現的那個人。由此我們看出此人的妹妹對他的影響很大。妹妹對他的成長造成了一層陰影。一般我們可以從他和妹妹之間看到一種敵對的競爭關係，而這種關係定會給他們的成長帶來很多麻煩。如果一個孩子的心中存有了敵意，那麼他對別人的興趣就會比一般孩子差很多。可是，我們不要過早地下結論，也許他和妹妹之間的關係很好。

「因為我和妹妹是家裡最小的兩個孩子，所以一直等到她可以上學的時候，我才被送進了學校。」現在，我們可以明顯感受到他們的敵意了：「妹妹妨礙了我的生活，因為她小，我不得不等著她，她限制了我的成長。」如果這是這段記憶的真正意義，我們就可以想到，這個孩子會認為：「有人妨礙我、限制我就是我生活中最大的危險。」這個孩子很可能是一個女孩，如果是男孩，一般不會等到妹妹上學的年齡再進入學校。

「我們是在同一天進入學校的。」這樣的作法對女孩的成長沒有益處，因為這樣會讓她認為：因為我年齡大，所以就得等著後面的人。並且這樣的想法還會被她運用到任何情況之下。她覺得正是因為妹妹，自己才受到了冷落，她還會將這種冷落歸罪於某個人，這個人很可能是她的母親。如果她因此更傾向於父親，希望得到他的寵愛，就沒有什麼值得奇怪的了。

「我至今仍清楚地記得母親在我們上學第一天的表現，她逢人便說她如何孤單。她說『那天下午，我多次走出大門去看，想讓女兒早點回來，好像她們永遠都回不來了似的。』」這是她第一次提到自己的母親，她眼中的母親是那麼不明智。「好像她們永遠都回不來了似的」這句話將母愛淋漓盡致地表達了出來。這個女孩也可以感受到濃濃的母愛，可是其中又藏著焦慮和緊張。如果我和這個孩子交談，一定會聽到她說母親是怎樣地愛妹妹。可是這樣的表現並不會讓我們感到驚訝，因為家中最小的孩子總會得到更多的偏愛。從這一段記憶中，我們可以看出，姐姐因為和妹妹的對立，感到自己受到了限制。在之後的生活中，嫉妒和不敢競爭的性格也許會纏繞著她。我們不必驚訝於她不想和比自己年紀小的孩子相處。有的人一生中都感覺自己太老了，很多嫉妒心重的女人甚至覺得自己比不上那些年輕的女人。

②「我最初的記憶就是爺爺的葬禮，那時我僅三歲。」

這是一個女孩寫下的。她對死亡的印象極深。這說明了什麼呢？她認為死亡是最不安全的事情。從她童年的經歷會衍生出這樣的想法：「爺爺也會死去。」也許爺爺對她過分寵愛。祖父母大多都對孫輩很是溺愛，因為他們對於教育孩子的責任少於他們的父母，他們希望時時刻刻在孩子身邊，並以此證明他們依然能贏得別人的喜歡。我們如今的文化總是很難讓老人感受到自身的價值，所以他們總愛用一些簡單的方法肯定自己的價值，比如喜怒無常。從這一事例中，我們可以得出，這個女孩從小深受爺爺的疼愛，這種愛被她深深地印在了腦海中。所以，爺爺的去世對她的打擊很大，一個親密的夥伴就這樣離開了。

「我清楚地記得他躺在棺材中的樣子，臉色蒼白，一動不動。」我不知道是不是應該讓一個三歲的孩子去看死人，尤其是在她沒有任何心理準備的情況下。我曾聽很多孩子說，他們對死亡的印象極深，很難忘掉。這個女孩同樣如此。這種孩子一般會極力擺脫對死亡的恐懼，想讓自己當一名醫生，因為他們覺得醫生比其他人的能力更高，更能與死亡抗爭。當問到醫生的最初記憶時，其中總會含有對死亡的記憶。女孩親眼見到——「躺在棺材裡，臉色蒼白」。由此可見，女孩也許視覺更強一些，她很喜歡觀察周圍的環境。

「後來我們來到了墓地，棺材被慢慢地放下，那些繩子從冷冰冰的棺材中拉了出來。」這一情景更印證了我之前的猜測，她的確是視覺型的女孩。「這段記憶讓我心存恐懼，後來當我聽到有朋友或者親人去了另一個世界的時候，內心就非常害怕。」

我們再次看到了死亡給她留下的印象。如果有機會和她交談，我一定會問她：「你長大後想做什麼？」她的回答可能是醫生。如果她避而不答或者有別的答案，我則會加以暗示：「你難道不想成為醫生或者護士嗎？」她提到「另一個世界」，其實是對內心恐懼的一種補償。從這段記憶中，我們知道，她的爺爺很疼愛她，她是個視覺型的女孩，並且死亡在她的頭腦中留下了很深的印象。她從生活中得出一個結論——我們早晚會死的。這句話確實很對，但是我們關注的事情並不僅限於此，還有很多需要我們注意的事。

③「在我三歲的時候，父親……」

她最先提到了父親，可見這個女孩對父親的關注大於母親。對父親的興趣常常發生在發育的第二階段。孩子首先關注的人一定是自己的母親，因為在孩子一、兩歲的時候，和母親是親密無間的。孩子希望母親時時陪在身邊，孩子的精神活動也是和母親緊密相連的。如果孩子對父親的關注多於母親，這只能表示這位母親並不合格，孩子對母親也並不滿意，其中也許是因為她有了弟弟或妹妹的緣故。如果她再提到一個比她小的孩子，我們的猜測就被證實了。

「父親給我們買了一對矮種馬。」由此可見，這個家中不止一個孩子，我很想了解另一個孩子的情況。

「他牽著韁繩把馬帶了過來，我的姐姐，比我大三歲……」在此我要說之前的猜測是錯誤的，她家不是擁有比她小的孩子，而是比她大的姐姐。也許媽媽更寵姐姐，這就是這個女孩提到父親和兩匹小馬的原因了。

「姐姐手持韁繩，威風凜凜地騎馬上街。」

這是姐姐勝利的表現。

「我的馬怎樣都趕不上姐姐的馬。」這是因為姐姐走在了前面。「我摔倒了，馬帶著我在前面跑。這本來是開心的開始，卻落得了如此悲慘的下場。」

姐姐勝利了，她出盡了風頭。我們可以肯定地說，女孩的意識是：「如果我不小心，勝利的人永遠是姐姐，我只會是失敗者，落得一身狼狽。我求取安全的唯一辦法就是勝過姐姐。」我明白了姐姐贏得媽媽的心的原因，也知道了妹妹傾向於父親的原因。

「雖然後來我的騎術超過了姐姐，但是卻彌補不了那次的傷痛。」

如今我們的猜測得到了證實。我們看到了兩姐妹之間的競爭，妹妹認為：「我總是落後者，所以我必須趕上去，超過他人。」

這種類型在我們之前已經說過，在次子和最小的孩子身上普遍存在這種現象。這樣的孩子前面總有長於她的哥哥姐姐，所以她一直想超越他們。這個女孩的記憶使她的人生態度得到了強化，讓她感覺：「在我前面的人會對我造成威脅，我必須永遠爭先。」

④「我最早的記憶是被姐姐帶去參加各種社交活動。我出生時她已經十八歲了。」

這個女孩認識到了自己是社會的一部分。也許從這一段記憶中我們可以看出，她的合作能力比別人強很多。姐姐比她大十八歲，由此可見姐姐是家裡最寵愛她的人，對她就像對待自己的孩子一樣。姐姐用了一種很好的方法開拓了她的興趣。

「在我之前，家裡的孩子們只有姐姐是女孩，另外四個都是男孩，所以姐姐很喜歡帶著我到處炫耀。」我們應該知道，這種方式並不好，當一個孩子被當作「炫耀品」拿出去的時候，她會將目光放在吸引別人的注意力上，而不是為社會做出貢獻。「所以，在我很小的時候，就經常出入各種社交場合。在這些聚會中，我印象最深的就是姐姐常常讓我說像『告訴他們你叫什麼？』這類的話。」其實這種方法並沒有什麼好處，如果這個女孩因此患上口吃或出現語言障礙並不足為奇。孩子口吃的原因常常是因為別人對她的語言過於關注。她並不能自然輕鬆地與人交流，反而要過分關注自己，使別人更加了解自己。

「我還記得，當我說不出話來的時候，回家總會受到訓斥，後來我就開始討厭出去見人了。」看來之前我們對她下的定論並不正確。如今我們發現，在這個女孩早期記憶的背後隱藏著這樣的涵義：「我被帶出去與人交往，可是我並不喜歡這樣。正因為有了這樣的經歷，我不再喜歡與人交往和合作。」所以，我們可以想到，她至今仍然不想與人交往，她和別人在一起的時候會覺得很尷尬、拘束。她在心裡認為，與人在一起自己必須出頭，可是她又感到這樣很累，慢慢地，她與人在一起時，就變得難以接觸了。

⑤「小時候的一件事令我記憶很深。在我四歲那年，曾祖母來看我。」

我們已經知道祖母對孫子是十分疼愛的，那麼曾祖母對她的曾孫又是怎樣的態度呢？「她來看我們的時候，我們全家在一起拍了一張全家福。」可見女孩對自己的家庭興趣濃厚，因為她對家中的那張照片記憶猶新。由此我們可以說，女孩很依戀自己的家。如果我的猜測沒錯的話，她的興趣也僅限於自己的家。

「我很清楚地記得，我們開車去了另一個鎮。到照相館之後，他們給我換上了一件白色的繡花裙。」這個女孩也許是視覺型的人。

「在拍全家福之前，他們先讓我和弟弟拍了張合影。」我們看出這是一個戀家的女孩，弟弟是家庭中的一員，之後我們也許還會聽到她和弟弟之間的事。「弟弟被放在我旁邊椅子的扶手上，並在他手中放了一個紅色的球。」

她再次想起了那個球，「可是我的手中，什麼都沒有。」

從這裡我們應該明白女孩爭取的是什麼了，她告訴自己，她不如弟弟受寵。我們可以猜測，弟弟的降生將她在家中的地位搶走了，她對此難以接受。

「他們讓我們笑。」

她意在告訴我們：「他們讓我們笑，可是我笑得出來嗎？弟弟被擺在座位上，手中還拿著一個紅色的球，而我的手中卻什麼都沒有。」

「在接下來的全家福中，每個人都拍得很好看，只有我沒有笑。」她要和家人做對，因為她感覺不公平。在她的早期記憶中，她沒有忘記家人對她的態度。

「當他們讓我們笑的時候，弟弟笑得很甜。他的確很可愛。至今我都很討厭照相。」這樣的記憶可以讓我們很容易地感受到他們對於人生的態度。

當我們內心存有某種印象時，總愛用這種印象去解釋所有的事情。很明顯，在那次拍照的時候她很不高興，所以後來她不喜歡拍照。我們常常發現，當一個人對某件事感到厭煩時，常常為他的行為找到各種理由，並利用他經歷中的事情去證明。這段早期的記憶讓我們了解了她兩方面的性格：第一，她是視覺型的人；第二，她很戀家，這是極其重要的一點。她的早期記憶在家庭的小範圍內，這表示她可能並不能很好地適應社會。

⑥「我最初的記憶是，在我三歲左右的時候發生的一次意外。一個為我父母幫忙的女孩將我們帶到了地窖中，讓我們品嚐蘋果酒，我們都很喜歡喝。」

發現自家地窖中的蘋果酒十分有趣，就像發現了新大陸一樣。現在讓我們做兩種猜測：也許這個女孩在面對新環境的時候會有很積極的心態；也許她還會這樣認為，當有膽大的人引誘我們的時候，我們會被他們帶壞的。

以下的回憶也許能幫我們找到答案。「過了一會兒，我還想喝，所以我就自己動手了。」這個女孩膽子很大，她敢自己動手。

「不一會兒，我的腿開始發軟，結果我將蘋果酒桶打翻了，酒灑了一地，地窖中變得很濕滑。」在這裡，我們看到了一個禁酒主義者的誕生。

「我不知道是否因為這件事讓我不再喜歡蘋果酒或者含酒精的飲料。」

這件小事成了影響她人生態度的成因。如果我們平靜地分析這件事，似乎它並不會產生那麼大的影響。但是，她卻認為，正是這件事讓她不再接觸酒精類飲料。我們也許會發現她是一個可以從錯誤中吸取教訓的人。她也許是個自立的人，在犯錯之後懂得如何改正。這種性格也許會伴隨她一生，就好像在說：「當我犯了錯誤的時候，我如果知道自己確實錯了，我會加以改正的。」如果事實確實如此，她的性格一定很好，積極向上，勇敢面對一切，一直追求自我完善，過著一種很有價值的生活。

在以上的事例中，我們只是在訓練推測力。在我們確定自己的說法是否正確之前，一定要多了解這個人的性格特徵。接下來讓我們說明性格在人的所有表現中展現的相連性。

一個三十五歲的男人，曾因為患有焦慮症來找我醫治。他只要離開了家就會感到焦慮，但是他不可能不出去工作。只要到了辦公室，他就開始唉聲歎氣，一直到晚上和母親坐在一起才好一些。當我問及他的早期記憶時，他曾說：「我記得在四歲的時候，我坐在家裡的窗戶前，看著外面忙碌的人們。」他喜歡看別人工作，而自己只想在一邊待著觀望。要想幫助他，就要讓他擺脫自己不能和別人一起工作的想法。他一直以為自己只有靠別人養活而生活。我們必須對他的這一觀點加以改變。我們並不應該因此而責怪他，用藥物治療更是沒有任何用處。當然，他的早期記憶告訴我們，我們需要為他尋找一些令他感興趣的工作。他喜歡觀察，可是他有些近視，正是因為這一缺陷，使得他對事物的關注力更強。一直到他開始工作的時候，頭腦中想的仍然是觀察，而不是工作。但是這兩者並不矛盾。在他痊癒後，他開了一家畫廊。他用自己的方式承擔起了自己的責任，並為社會做出了貢獻。

還有一位三十二歲的男人，他患了失語症，不能正常講話，只能怯懦地出聲，這種狀況已經持續兩年時間。患這種病的原因是他不小心踩在了一塊香蕉皮上，並撞上了計程車的玻璃。他接連吐了兩天，並患上了頭疼症。可以肯定，他得了腦震盪，可是他的喉嚨並沒有受到影響，所以這並不是他患有失語症的原因。他曾在八週的時間裡完全不能說話。為此他打起了官司，可是這件事的確很難裁決。他認為這起事故的責任人應該是計程車司機，所以他向計程車司機索賠。我們可以想一下，如果他可以拿出傷殘的證據，也許會有把握勝訴。我們不能說他是一個不老實的人，他沒有大聲講話的必要。也許在事故之後他確實發現了自己講話困難，可是現在他卻不明白為什麼講不出話。

這個病人曾要求喉科專家幫忙，但是專家卻找不到任何毛病。當我問到他早期的記憶時，他說：「我記得自己躺在搖籃中，來回搖晃。可是後來搖籃的掛鈎脫落了。搖籃掉了下來，我受了重傷。」

沒有人願意被摔，可是這個人好像把受傷看得過於重要了，他總認為這是極其危險的事。這成了他的注意力所在。

「當我摔下來的時候，門打開了，母親跑了進來，她被嚇壞了。」他用這件事吸引了母親的注意力，但是同時也產生了對母親的責備，他認為母親沒有盡到應盡的義務。所以，他認為計程車司機有錯，同樣，計程車公司也是有錯的，他們沒有很好地照顧他。由此可見這是一個被寵壞的孩子，他總是把責任推到別人的頭上。

在另一段記憶中他講述了類似的故事。「在我五歲的時候，從二十英尺高的高處掉了下來，然後被一塊很重的木板壓住。那時幾乎有五分鐘的時間我說不出話來。」可見此人很容易喪失語言能力。他好像能很好地控制自己的失語能力，並總是把原因歸結在摔倒上。我們雖然認為這並不是理由，但是他卻這麼認為。他可以很熟練地運用這一「技能」，只要跌倒，就會立刻失語。我們只有讓他了解到自己的錯誤，讓他明白失語和摔倒是幾乎毫不關聯的兩件事，尤其是讓他知道車禍之後沒有必要兩年多的時間都低聲細語地說話，他的病才會痊癒。

然而，這些記憶好像揭示了他不能意識到自己錯誤的原因。他繼續說道：「我母親又跑了出去，她看起來很激動。」他兩次摔傷的經歷嚇壞了媽媽，並讓媽媽更關注他。他是一個想吸引眾人目光的孩子。我們應該明白，他想讓那些給他帶來不幸的人付出代價。如果這些事擱在其他被寵壞的孩子身上，也會有這樣的結果。但是，那些孩子卻不會採取失語的手段。這是這位病人的一個特點，他的人生態度是由他的經歷造成的。

一個二十六歲的男孩總感覺自己找不到合適的工作，於是找到了我。八年前，父親幫他在經紀行業找了一份工作，可是因為沒有興趣，他辭職了。他還想找其他的工作，但是並沒有找到。他還說自己失眠，甚至動過自殺的念頭。當他放棄了當經紀人的工作後，在另一個鎮上找到了一份工作，但是後來他收到了一封信，說他的母親生病了，於是他又回到了自家住的鎮上。

從這個故事中，我們可以想像母親對他的溺愛程度，可是他卻有一個嚴厲的父親。也許我們會發現他一生都在和父親對抗。當我們談到家中的排行，他說自己是最小的孩子，且是家中唯一的男孩。他有兩個姐姐，大姐總喜歡命令他，二姐也有同樣的毛病。父親每天對他嘮叨個不停，他覺得除了母親之外，全家人都在限制他。

他十四歲才進入學校，後來父親將他送去了一所農業學校，他畢業後就可以幫助父親打理農場了。他在學校的表現很好，可是他卻不想讓自己當一名農場主人。於是父親給他找了一份經紀人的工作。奇怪的是，他一直幹了八年，可是卻一直在說自己想盡力為母親多做事。

小時候的他很邋遢。他怕黑，也怕一個人待著。當我們聽到某個孩子很邋遢的時候，自然就會想到那個要求他注重衛生的人。當我們聽到某個孩子害怕黑暗，不想一個人待著的時候，自然就會想到那些安慰他、關心他的人。然而，這個年輕人背後的那個人就是他的母親。他覺得交朋友很難，可是卻能和陌生人很好地相處。他沒有談過戀愛，對愛情沒有任何興趣，也從來沒想過結婚。他認為父母的婚姻並不幸福，由此我們可以知道他逃避婚姻的理由。

他父親曾強迫他繼續從事經紀人的工作，但是他卻想去做廣告。然而他很清楚，家人不會給他錢讓他去做的。我們看到，他做任何事情的目的都與父親的意思相悖。他在做經紀人的時候，雖然有了一些積蓄，可是並沒有將這些錢投到自己喜歡的廣告業中。

他說自己想做廣告只不過是故意與父親為敵。

從他的早期記憶中，我們可以清楚地看到一個被溺愛的孩子對嚴厲的父親的反抗。他記得在父親的餐館打工的情形。他喜歡洗盤子，喜歡將盤子從這張桌子上放到那張桌子上。他的作法激怒了父親，所以父親當著所有顧客給了他一耳光。這一經歷讓他把自己的父親看成了一生的敵人，並且一生都在和父親為敵。如今他依然沒有誠心工作的意思，只不過是想以此傷害父親，這樣他會感到更加滿足。

我們也不難理解他自殺的想法。自殺是一種譴責。在想到自殺時，他就會將責任歸於父親身上。對工作的不滿他同樣會歸咎於父親。父親的任何建議，他都不會接受。但是因為他是被溺愛的孩子，經濟上無法做到自立。他不想真心投入工作，只想玩，可是卻很想和母親合作，所以他又想找一份不錯的工作。但是他的失眠又是怎麼顯示出他對父親的對抗呢？

如果一晚上無法入睡，第二天工作肯定沒有精神。父親希望他好好工作，可是他感覺很累，無法做到。他就會說：「我不想工作，你強迫我也沒用。」但是他會為母親和家裡的經濟狀況著想，所以也只是在口頭上說說而已，可是這樣就會給家人一種錯覺：這個孩子沒有希望了，家裡也不會再供養他了。但是，他必須為自己找一個藉口，所以，他得了一種令人頭疼的病——失眠。

最初，他說自己是不做夢的，但是後來他想到了自己常做的一個夢。他夢到有人朝

牆上扔球，然後球朝他彈了過來。這個夢似乎沒有什麼特別的。我們可以將夢和他的人生態度相聯繫嗎？

我問他：「後來怎樣了呢？」他說：「當球向我彈來的時候，我就醒了。」

現在，他失眠的整個框架已經被勾勒出來。他把這個夢當成了鬧鐘，將他從夢中叫醒。在他的意識中，所有的人都向前推他，驅使著他，強迫他做不喜歡做的事。他夢到有人朝牆上扔球，每到此時，他就會醒。結果，第二天，他就會累得無法工作。父親正在焦急地等著他去幹活，而他就開始用這種方式對抗父親。如果他這樣做只為了和父親對抗，那麼我們會覺得他很聰明，因為他竟能想到這樣一種抗爭武器。但是，無論對他自己還是對於別人，他的人生態度都是不對的，所以我們需要幫他改正。

當我給他做了解釋後，他就再沒有做過這個夢，可是他卻常常從半夜中醒來。他已經意識到了這個夢的目的，所以不再有勇氣做這個夢，但是，他每天不能安靜地睡覺，第二天仍然無法正常工作。我們該怎樣幫助他呢？唯一的辦法就是讓他與父親合作。如果他仍然將注意力放在擊敗自己的父親上，那麼誰都幫不了他。

最開始，我依然像往常一樣順應他的意思。我說：「你父親這樣做的確不對。他不應該對你時時發號施令，這不是明智的作法。他也許有需要治療的地方，但是你能怎樣呢？你指望他去改變嗎？如果天要下雨，你應該怎麼做？你只有撐起雨傘或者坐計程車，我們和風雨對抗或者想打敗它是毫無意義的。而現在的你就好比在和風雨抗爭，只會無謂地浪費時間。你以為這可以表示你的強大嗎？你可以戰勝它們嗎？事實恰恰相反，它只會更強烈地傷害到你。」我把他的所有問題都聯繫在了一起，他對工作的猶豫，自殺念頭的產生，離家出走的行為，失眠的症狀，這些都說明了一個問題，即他藉由懲罰自己去懲罰他的父親。

我還為他提出一條建議：「如果在晚上睡覺的時候，你總是想自己隨時會醒，就會把自己弄得很累，無法好好工作，你父親定會很惱怒。」我想讓他了解到事實，他將目光放在了惹怒父親上。如果我們不讓他停止這種行為，任何治療都是沒有意義的。我們都知道，他是一個被寵壞的孩子。

這種情況很像那種戀母情結的情況。這個年輕人只想傷害自己的父親，但是對母親卻異常依賴。然而，此事例與性無關。他母親很寵愛他，而父親卻極其冷淡。他受到了這種不良教育的影響，所以人生態度也變得扭曲。這和遺傳也毫無關係。他的行為和原始人吃掉部落首領的行為不同。他的行為是被經歷所逼迫的。這種行為可能發生在任何一個孩子身上，只要他有一個寵他的母親、一個嚴厲的父親，就如同這個年輕人的情況一樣。如果一個孩子和父親對抗，而自己又無法獨立解決問題，我們就可以很容易地理解，他採用那種方式情有可原。

人的記憶和生活方式絕不會背道而馳。如果一個人在追求自己人生目標時，想到的總是「別人總是侮辱我」，那麼他的記憶中也總是那些被人侮辱的事。

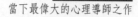

第五章
CHAPTER 5

《夢》

雖然之前人們對夢的理解沒有科學依據，但是卻有可借鑒之處，至少能表現出人們對夢的看法和態度。夢是大腦創造性活動的一部分，當我們發現對夢有什麼期待時，也就能看出夢的目的。

一、夢的解析

雖然之前人們對夢的理解沒有科學依據，但是卻有可借鑒之處，至少能表現出人們對夢的看法和態度。夢是大腦創造性活動的一部分，當我們發現對夢有什麼期待時，也就能看出夢的目的。在我們剛剛啟動對夢的研究之時，就已經發現，人們總是認為夢會跟未來有著某種不可分割的聯繫。人們一直以為在自己遇到困難的時候，會有神明、仙人或者逝去的先輩在夢中幫助他們。

古代與夢有關的書中，對夢的解釋多種多樣，可是他們一直認為夢和人們的未來有著某種特殊的聯繫。原始人同樣認為夢是對未來的某種預測。古希臘或古埃及人常常到寺院中去求夢，希望神明在夢中給他們的未來以指點和幫助。這種夢被他們看作治病驅邪的良方。美洲的印第安人為了讓夢指引他們的未來，常常利用齋戒、沐浴、滌罪等方法把自己的夢引出來。在《舊約》中同樣記載著夢可以預示在未來所發生的事情。如今，仍有人會認為夢中的事情會在現實中發生。他們堅信夢中的自己是預言家，夢可以帶他們走進未來的世界，並預料到將要發生的事情。

從科學角度而言，這些觀念實在可笑。從我對夢開始研究的那一刻就知道，人們在夢中的預測能力遠遠比不上人在清醒時候的預測力。夢中的思想不會比醒著的時候更敏銳、清楚，只能更加混亂和難以理解。然而，傳統的觀點也有正確的地方，如果我們對夢有了了解之後，就會發現其玄機所在——夢在一定程度上真的會為我們找到要走的路。

我們知道，人們常常把夢看成是克服困難的一種方法，那麼也就是說，人是為了尋找未來的發展方向才做夢的。但是這並不是說夢有著未卜先知的功能。我們還得自己去想用怎樣的方法可以解決問題，這種方法從哪裡得來。顯然，夢中的任何方法都不如我們在深思熟慮之後得出的方法適用。所以，人們希望在夢中找到解決問題的方法也是有情可原的。

二、佛洛伊德對夢的觀點

在佛洛伊德心理學派看來，夢是有科學性的，但是佛洛伊德在解釋這些觀點的時候卻將夢脫離了科學的範疇。比如，他在研究夢的時候將人腦白天和晚上的活動差異作為前提，把「有意識」和「無意識」看成相對立的兩面，夢所遵循的規律則與白天的思考規律截然不同。這些觀點無論從哪個角度來說都是沒有科學依據的。

原始人和古代哲學家在處理思想概念問題時，總是習慣於把它們放在兩個極端進行研究，認為它們是完全對立的。在精神官能症人群中，這種簡單對立或二元思考最為明顯。這些人普遍認為左右、男女、冷熱、輕重、強弱是相互矛盾的。但是從科學的角度講，它們是可以相互轉化的，並非對立。它們就像尺上的刻度，只是按照相對的位置進行排列。好與壞、正常與不正常當然也不是對立的。那麼，把清醒和睡眠、白天的思考和夢中的思考完全對立，當然也就不正確了。

佛洛伊德的另一觀點認為，應該將夢放在性的背景下進行研究。這一觀點同樣把人們的正常活動與夢境相分離。我們可以假設這種觀點正確，那麼夢自然就不是整個性格的表達了，而只是其中的一部分。佛洛伊德學派的人也認為這種觀點欠妥當，但是佛洛伊德自己則認為在夢中還會有一種尋死的願望。也許這種觀點有其正確性。然而之前我們提到，夢的目的之一是找到解決問題的方法，這也說明了對個人能力的不自信。據此來說，佛洛伊德的觀點過於隱晦，他無法讓我們探尋人的整體性格是如何藉由夢境反映出來的，並且夢好像完全脫離的現實的生活。不過，在佛洛伊德的觀點中也有一些值得借鑒的東西。比如，夢的內容並不是最重要的，重要的是它身後潛藏的思想，這一點對我們很有用處。在個體心理學中，我們也有類似的觀點。佛洛伊德忽視了科學心理學的前提——認識性格的關聯性以及個體的思想、言行的一致性。

在佛洛伊德對夢境解析的幾大問題中我們可以看出這一遺漏。「我們為什麼會做夢？做夢的目的又是什麼？」佛洛伊德學派說：「是為了滿足沒有實現的願望。」然而這一回答並不是通用的。比如，我們沒有做夢，我們的夢被忘掉了，我們做了一個無法解釋的夢，那麼這些情況下又怎樣去滿足自己呢？夢會發生在任何人身上，但是卻沒有人可以理解。那麼我們做的夢又會給我們提供什麼樂趣呢？如果將夢中的生活與日常生活分開，夢也僅會在夢中滿足我們的願望，我們也許就會明白做夢的意義了。可是，如果這種觀點正確，就無法將夢和人的性格相聯繫了；夢對於醒著的人來說，也就沒有任何意義了。

從科學角度來講，人在做夢的時候和在清醒的時候是同一個人，並且做夢的目的也是和此人的性格相一致的。但是，只有一類人，我們無法將他在夢中想實現的願望和他現實的性格相聯繫，那就是被慣壞的孩子。他們會常常問：「我怎樣做才能讓願望得到滿足？我可以從生活中得到什麼？」這種人會在夢裡尋找想要的東西。如果我們仔細研究佛洛伊德的觀點就會發現，他所講的只是被慣壞的孩子的心理，他們認為自己的本性不容置疑，認為其他人都沒有存在的必要，他們也常這樣問：「我為什麼要愛周圍的人？難道他們愛我嗎？」

心理學分析學派對被慣壞的孩子進行了細緻的研究。但是他們對滿足感的追求只是所有追求的千萬分之一，這並不是他們全部性格的表現。如果我們真正了解了夢的目的，也就知道令人費解的夢和被遺忘的夢的目的了。

三、個體心理學對夢的研究

在二十五年前，我剛剛開始研究夢的涵義時，它成了最令我頭疼的問題。我認為，夢中的生活和清醒時的生活是一致的，如果白天我為了達到某種目標而努力鑽研，那麼晚上的夢境中我同樣在思索著這些問題。人們在夢中時的目標和在現實中的目標是一樣的，就像他們做夢的時候也必須為了這個目標不斷奮鬥一樣。所以，夢是人生態度的表現，並與之息息相關。

①強化人生態度

有一種事實可以幫我們了解做夢的目的。有時我們早晨醒來會將夢中的情形全忘掉，好像沒有了任何印象。事實的確如此嗎？一點印象都沒有了嗎？其實不然：在夢中的某種情感被我們保留了下來。夢中的內容已經忘卻，但是卻有著對夢的情感和對夢的不解。夢的目的也必定留在了留下的情感之中。夢只是引發這種情感的一種方法，而留下這種感覺則是夢的目的。

一個人的情感和他的人生態度必定一致。夢中的思想和清醒時的思想並沒有絕對的差異，它們之間沒有嚴格的界限。如果將它們之間的差別做一下概括，即夢中的思想與現實的距離較遠，但是它並不是脫離現實的。如果白天我們被某種事情煩擾，那麼夢中同樣會被這種事情煩擾。其實，在夢中我們不讓自己從床上掉下來，也說明這和現實是相連的。為人父母者在喧鬧的大街上也可以睡著，但是孩子一個輕微的動作就會將他們驚醒。這就說明即使在夢中，我們與外界的聯繫還是存在的。但是，雖然感官還有知覺，卻已經被弱化了，所以和現實的聯繫也自然就減少了。在做夢的時候我們都是獨處的，生活中的壓力也不再沉重，周圍的環境也已經被我們有所忽視。

只有我們真正放鬆，有了解決問題的辦法之後，才會在夢中輕鬆下來。夢是對平靜睡眠的一種干擾。所以，我們可以這樣說：在我們沒有將事情處理妥當之前，在我們還存在重大壓力之時，在現實還存在種種問題之時，我們才會做夢。

現在該輪到我們研究另一個問題了：在我們睡覺的時候大腦是怎樣面對問題的。因為我們不是對整個情境進行研究，所以這些問題也就比較簡單，其解決的方法也不會對我們有很大的要求。做夢就是為了支援我們生活的方式，並讓這種方式和我們的情感相適應。那麼為什麼我們的生活方式需要得到支援？它會受到怎樣的威脅？能夠攻擊它的，只有現實和常識。所以，做夢的目的就是保護我們的生活方式不受常理的攻擊。這就會引出我們一個有趣的想法，如果一個人在面臨問題時不想用常理去解決，那麼夢就會激發出他的某種情感去堅定他的態度。

這樣看來，似乎這種行為和我們清醒時的生活是矛盾的，但其實並不矛盾。我們在睡覺時的情感和清醒時的情感仍是一致的。如果在遇到困難的時候，某人不想按照常理辦事，那麼他就會找到各種理由為自己違背常理的作法辯解，來證明自己選擇的正確性。比如，一個人想一夜暴富，又不想付出努力和為社會做出貢獻，他的腦海中就會顯現賭博的念頭。他也明白很多人都因賭博輸得精光，可是他想活得瀟脫自在，想快速致富。那會怎麼做呢？他開始為自己設想未來的「宏偉藍圖」——有汽車，有鉅款，成為名震四海的富人。在這些幻想的激勵下，他不斷增長自己的這種思想。最終，他仍然違背常理，走上了犯罪的道路。

類似的事情也會發生在我們的日常生活中。在我們工作的時候，如果有人告訴我們有一部戲劇很好看，我們就想馬上放下手中的工作去觀看。處在熱戀中的男女也會想像自己的未來生活。如果他確實對感情傾情投入，那麼他所設想的必定是美滿幸福的婚姻。如果他對對方興趣不大，那麼他的未來將沒有色彩。不管怎樣，他的感情會不斷地得到激發，藉由這種感情我們可以判定他屬於哪種類型的人。

如果夢醒之後，我們除了感覺，什麼都沒有留下，那麼對常理又有什麼影響呢？夢是常理的敵人。如果我們多加注意就會發現，那些不受感情蒙蔽、只按照理性辦事的人，很少做夢或者幾乎不做夢。另一些人則不想按照常規去解決問題。遵循常規做事是合作的一個方面，沒有經過正規訓練的人是不想按常規辦事的。這樣的人幾乎不做夢，他們想讓自己的人生態度強於他人，想逃避現實生活中的挑戰。所以，我們可以這樣說：

夢想在人生態度和現實之間建立一種聯繫，這樣在面對人生態度時就可以不用做出調整了。人生的態度是夢的製造者，它可以激起人的某種情感。我們發現，一個人的性格和日常行為同樣會出現在夢中。不管是否做夢，我們處理問題的方法總是不變的，但是夢卻為我們的人生態度提供了支援和維護。

如果這種觀點是正確的，那麼我們在對夢的解讀中就有了新的發現：人在夢中會欺騙自己。每一個夢都是人們的自我陶醉、自我催眠，其目的就是引發一種我們已經作好準備去面對某一種情形的感情。在夢中，我們的性格與平時並無二致，但是我們需要將這一性格加工成白天需要使用的感情。如果我們的想法是對的，我們甚至可以在夢的整體構成和夢中所運用的手段找到自我欺騙的成分。

我們發現了什麼？我們發現了在前面已經提到過的某種選擇，如對畫面、事件和各類事故等。當人回憶往事時，會對其中的一些畫面和事件進行選擇。人的選擇是具有傾向性的，為了實現自己的目標，我們總是選擇那種有利於我們人生態度的畫面和場景。同樣，在夢中，我們也只會選擇那些與我們的人生態度一致的事情，並且在夢中我們會被告知，在遇到困難時，我們的人生態度會對我們有怎樣的要求。所以，這種選擇說明了人生態度和當前困難的聯繫。在夢中，人生態度總是我行我素的。在現實中遇到困難，需要我們運用常理時，人生態度仍然特立獨行。

②象徵和隱喻

夢的素材是從哪裡汲取的？不管是歷史久遠的古代，還是今天佛洛伊德的觀點，都表明夢是由隱喻和象徵構成的。正如一位心理學家所說：「在夢裡，我們都是詩人。」但是，為什麼夢不用簡單的話語表達，非要用隱喻和詩一般的語言呢？其實很簡單，如果不這樣，我們就無法擺脫常理的束縛。隱喻和象徵有時是可笑的，它們會將兩種意義不同的事物相聯繫，它們可以同時表達兩種觀點，但其中一個也許十分荒誕。隱喻和象徵的結果可能是不合邏輯的，它們在日常生活中常常遇到，並能激發某種感情。如果我們想幫助某人改正錯誤，也許會說：「不要像孩子一樣。」也會說：「為什麼要哭？難道你是女人嗎？」當我們使用隱喻時，為了表達自己的感情，常常將兩種毫不相關的東西聯繫在一起。也許一個身材高大的男人訓斥一個矮小的人時會這樣說：「你就像一條蟲子，只配被別人踩在腳下。」他運用這種隱喻，正是為了表達自己的憤怒之情。

隱喻是一種很美妙的表達方式，我們可能會利用它自欺欺人。當初荷馬就用了一種過於誇張的手法來形容希臘軍隊像雄獅一樣橫掃戰場時的情景。你認為他真的想詳細描寫那些滿身污垢的士兵們嗎？不是的，他想讓士兵們像雄獅一樣勇猛。我們知道他們不是雄獅，但是如果詩人據實描寫，說他們氣喘吁吁、汗流浹背的樣子，說他們克服恐懼和躲避災難的情形，說他們破舊的盔甲，細數他們戰爭中的細節，會給我們留下如此深

刻的印象嗎？隱喻是抒發美好、想像力和幻想的。但是必須注意：如果將隱喻和象徵放在人生態度有誤的人身上將十分危險。

一次考試對一個學生而言是再尋常不過的事了，他只需像平時一樣勇敢面對就行了。但是，如果他時時存有逃避的思想，他就可能夢到自己上戰場。他將如此簡單的事情用很隱喻的方式表達出來，就為他的逃避提供了足夠的理由。或許他還會夢到自己站在懸崖邊上，必須脫離那裡，否則就有可能掉下去。他必須製造一種情感來逃避考試，所以他說考試就像懸崖一樣可怕，以此來欺騙自己。同時，我們還會發現夢中常用的另一種方法：當遇到問題時，先將它精簡壓縮，直到剩下整個問題的一部分，然後再以隱喻的形式將其餘的部分表達出來，並當作原來的問題來處理。

比如，一個對讀書很有把握並有遠見的學生，想完成學業或通過考試。他的人生態度同樣需要獲得支援並找到自信。所以，在考試前夕，他會夢到自己站在山頂上。他所處的場景被刪去很多，只顯現了人生中的一小部分。對他來說，考試雖然是一件大事，但是他卻只專注於成功的部分，不去顧慮考試的其他方面，他激發出的感情會為自己加油助威。第二天起床之後，他會覺得心情舒暢、頭腦清醒、信心十足。他將存在的困難縮小了。雖然他有了足夠的信心，但其實他是在自欺欺人。他並未按照常理去辦事，只是激發了自己的某種情感。

特意去激發自己情感的行為是很正常的。當人想越過一條小河時，總會先數

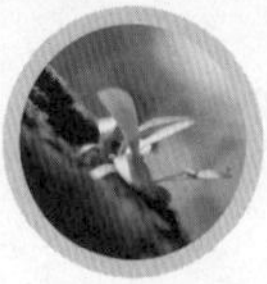

一二三。難道數數真的很重要嗎？越過小河與數數有聯繫嗎？其實沒有任何關係。但是數數卻可以激發他的某種情感，並讓他的力量全部聚集起來。在我們的頭腦中已經有了某種人生態度，但是要想使它得到強化，方法之一就是聚集自己的力量、激發自身的情感。我們每天都在為此努力著，但或許夢中的它會表現得更加清晰。

下面讓我們藉由一個夢來解釋一下我們是如何欺騙自己的。

在一戰期間，我在一所專門治療戰場恐懼症的醫院做院長。當遇到那些無法適應戰場生活的士兵時，我會找一些輕鬆的工作來幫助他們。這對於減輕他們的壓力十分管用。那天我診治一名士兵，他是我在這裡見過的最強壯的人。我給他做檢查時，他顯得很失落，我不知道該如何給他提供幫助。我當然想將所有患病的士兵送回家，但是這必須經過上司的批准，並且我也不可能照顧到所有的傷患。對於這個士兵的病症我有些難以確定，但是我還是告訴他：「你患了戰場恐懼症，但是你卻很健康，很強壯。我可以讓你做一下簡單的工作，這樣你就不用上戰場了。」

這個士兵得知自己並不能回家後，心中充滿失望，他說：「我只是一個窮教師，僅靠教書得來的錢養活我的父母。如今我不能再教書了，他們就不能生活了。如果我無法幫他們，他們就會死的。」

我想讓他回家，找一份室內的工作，可是我又有些害怕，如果我提出這樣的建議，肯定會受到上司的批評，他們反而會讓我去上前線。最後我決定盡己所能，出具了一份他只適合做警哨工作的證明。那天晚上，我就做了一個非常恐怖的夢。夢中的我成了一名殺人凶手，瘋狂奔跑在黑暗狹長的街道上，我極力回想自己殺了誰，可是無論如何都想不起來，但感覺告訴我：「我的確殺了人，我的這輩子會因此完蛋的。我的生命將要完結，一切都結束了。」

醒來後，我首先想到的就是「我殺了誰」，然後我猛然想起：「我如果不能給這個年輕的士兵一個室內的工作，他很可能被送去前線，那樣我就很可能成為殺人凶手。」大家應該明白了，我是如何激發自己的情感欺騙自己的。事實上，我沒有殺任何人，即使我想到的最壞結果發生了，那也不是我的原因，但是我的人生態度阻止我去這麼做。我是一名治病救人的醫生，而不是殺人的凶手。我告訴自己，如果我提出應該讓他做一下辦公室的工作，那麼他很可能被上司送往前線，這樣更糟。我唯一能幫他做的就是為他提供一份證明，說他只適合警哨工作，這是既合乎常理又不違背我人生態度的作法。

在後來的事情中我證實了，按常理辦事是最佳辦法。我的上司在看到我提供的證明後，卻將它扔在了一旁。我當時還在想：「上司要將他送往前線去，不如我當時寫上讓他去辦公室工作。」可是隨後上司卻在上邊批下「軍事機關工作，六個月」。後來，我才知道，原來軍官在處理這名士兵的事情上收受了賄賂，所以才從輕處置的。這名年輕的士兵從未教過什麼書，他對我講的全都是謊話。他這樣說只是想找一份輕鬆的工作，這樣那位收受賄賂的軍官就可以核准我的建議了。從那時起，我想，還是不做夢為好。

正因為我們很難理解夢的涵義，所以經常被它愚弄。如果我們理解了夢的涵義，就不會有什麼另類的情感了，也就不會受夢境的欺騙了。我們還是應該將夢擱置一旁，按照常理辦事。如果我們都可以解釋夢中的情景，那麼它們的目的就無法實現了。

夢是一座橋樑，它聯繫著現實的生活和我們對人生的態度，人生態度本就應該直接與現實銜接，並不需要我們的強化。夢的形式多種多樣，並且每一種夢境都可以揭示出我們在面對某種情景時需要強化人生態度的哪一方面。所以，對夢的分析只能針對特定的一個人。我們不可能像套用公式一樣對夢中的情景進行解讀。如果要我說出到底夢境有幾種典型的類型，我實在無法給出答案，我能做的只是讓大家能大概了解夢的意義。

四、夢境分析

很多人會做飛翔的夢，其實這和其他的夢一樣，同樣是為了激起人的某種感情。它們留下了一種輕鬆愉快的情緒，並將這種情緒帶向高處。它們把克服困難和追求優越感看作是很簡單的事。它們讓我們把自己想像成一個勇敢無畏、高瞻遠矚、志向遠大的人，即使在睡夢中我們也不會忘記自己的志向。這樣的夢暗示著一個問題：「我應該繼續向前還是止步？」答案則是：「我的前途一帆風順。」

我們還應該注意另一種夢境：跌倒。這說明在人的頭腦中，對自我保護的恐懼遠遠大於克服困難的憂慮，如果我們平時常常告誡孩子保持警惕，就很容易理解這種夢境了。人們常常對自己的孩子說：「不要爬椅子，不要動剪刀，離火遠點。」孩子常常被這種虛幻的危險包圍。但是，如果一個人被家長鍛鍊得膽小如鼠，是不能應對真正的危險的。

當我們夢到自己不能動彈或者趕不上火車時，其內在意義是：「如果我不用費力氣就可以解決這個問題，該有多好呀！所以我一定要繞道行走，我要故意遲到，故意讓火車開走，免得再遇到這類問題。」

考試也是我們常常夢到的事情之一，我們也許會很驚訝，自己這麼大了還會參加考試，或者自己還會夢到已經通過的考試。其實，這是在暗示我們：「你還沒有準備好應對眼前的問題。」但對於其他人來說，也許會是這樣：「以前也許你通過了，但是你必須接受眼前的考驗。」一件事情在不同的人身上象徵意義是不同的。我們對於夢的考慮是其留給我們情感，以及它與我們人生態度的關係。

我曾治療過一個三十二歲的精神官能症患者：

她是家中的老二，就和其他排行老二的人一樣，她同樣懷有雄心壯志。她事事想爭第一，想使任何問題得到完美的解決。她來找我時，精神幾近崩潰。她愛上了一個比她大的已婚男人，這個男人在事業上失敗了。她想過嫁給他，可是他卻沒法離婚。

後來，她做了這樣的夢：她在鄉下的時候將現在的公寓租給了一個男人，這人搬進來不長時間就結婚了。但是這人卻付不起房租，他不誠實還很懶惰，所以，她將那個男人趕走了。我們可以很快看到，這個夢和她的現實有著很大的聯繫。她在猶豫自己要不要嫁給這個事業受挫的男人。這個男人很窮，無法養活她。有一次，他們出去吃飯，卻沒錢付帳。這就更容易讓她和夢中的那個男人相比。這個夢引起了她不能結婚的情感。她是一個有遠大志向的女人，她不想一生跟隨一個貧窮的男人。她用了假設的方法問自己：「如果他是租住我房子的人，當沒有錢付房租時，我該怎麼辦？」我定會說：「你必須滾出去。」

當然，這個男人不是她的房客，這樣的假設並不成立。養不起家的男人和付不起房租的房客是兩碼事。她為了解決自己的問題，為了順應自己人生態度的發展，得出一個結論：「我是絕對不能嫁給他的。」所以，她不按常理去思考，只關注了事情的表面。她同時將愛情和婚姻壓縮在這樣一件事上：「一個男人在租住我的公寓而付不起房租的時候，他就必須滾蛋。」好像這個假設就足以說明所有的問題。

因為個體心理學的治療方法一直致力於提升個人應對生活的勇氣上，所以在治療過程中，夢境會發生變化，會慢慢朝積極的方向發展。一個因為憂鬱症住院的患者在即將出院時做了這樣的一個夢：「我一個人坐在長凳上，暴風雨突然降臨。幸運的是，我沒有被它襲擊，我很快跑進了丈夫的房間。後來，我在報紙的招聘欄中幫他找了一份合適的工作。」這個病人也理解夢的涵義。這表明她和丈夫和好如初了。最初，她抱怨丈夫無能、事業無成，連養家都困難。而從夢中我們可以看出，她懂得了：「和丈夫在一起總比獨自面對困難好得多。」雖然她的結論是正確的，但是她向丈夫妥協的作法仍然隱含著一種怨恨和不公。她過於強調自己的危險，並且還沒有做好與人合作的準備。

我還有過一個十歲的小男孩的案例：老師說他是一個卑鄙的孩子，總是心懷不軌，同學們都不敢惹他。他在學校中將偷得的東西放在別人的課桌裡，讓別人受到懲罰。這種現象只有在別人低估他的能力時才會發生。如果他的想法的確如此，我們便可以估測，他受到了家庭環境的影響，有人向他灌輸了這種不良思想。這個十歲的孩子曾因為向一位孕婦扔石頭引起了麻煩。也許在他這個年齡，已經明白懷孕是怎麼回事。我想他應該是討厭懷孕的，我們還要看他是否有弟弟妹妹，或許他們的到來讓他感到不舒服。在老師口中，他是「害群之馬」，他常常擾亂別的孩子，給他們起外號，在背後說別人的壞話。他還會欺負小女孩，我想他很可能有一個並不被他喜歡的妹妹。

後來我們弄明白了，他是家中的長子，還有一個四歲的妹妹。從他母親口中得知，他對妹妹很好。這一點出乎我們的意料——這樣的一個孩子怎麼可能愛他的妹妹。我們的懷疑是否正確還有待考察。他的母親還說，她和丈夫的關係非常融洽。對於這個孩子而言，的確令人遺憾。對他所犯的錯，他的父母顯然沒有任何責任，他邪惡的原因也許源於他自己的惡劣本性、宿命或是某個遙遠的祖先！

我們常常遇到這樣的例子：幸福的婚姻，優秀的父母，令人厭煩的孩子。這種悲哀的事例常常被教師、心理學家、律師、法官所見證。實際上，這種看似美滿的婚姻常常給孩子帶來很嚴重的錯誤，如果他看到母親對父親備加關注，就會心生怨恨。他想讓母親將愛全部歸於他身上，並且不想讓母親對其他任何人表現出關心。美滿的婚姻對孩子的成長不利，那麼不幸的婚姻會更為不利，我們應該怎麼解決這種問題呢？我們需要在開始的時候就培養孩子的合作精神，不要讓他只關注一個人。這其實也是一種被寵壞的孩子，他們想奪取母親所有的愛，一旦母親無法做到，他就會故意製造麻煩。

我們的這些猜測得到了證實。母親從沒有對孩子打罵過，這樣的事一般都是由父親來做。她也許認為自己過於軟弱，只有男人才可以發號施令、實行懲罰。她也許想讓孩子對她好，害怕失去他。可是這樣的作法不管從哪方面講，都是在轉移孩子對父親的好感，這樣也會讓他們之間合作的機會消失，結果可想而知，他們之間的摩擦越來越多。我們還聽說，這個父親是個愛家的好男人，可是就是因為男孩的原因，孩子開始害怕回家。他對孩子很嚴厲，經常打孩子。可是有人卻說，男孩並不恨他的父親。這幾乎是不可能的事——這個孩子又不是傻子，他只是將自己的真實想法隱藏了起來而已。

他雖然很喜愛妹妹，卻又經常踢打她，兩個人根本不能和睦相處。晚上，妹妹睡在父母房間的兒童床上，他則只能睡在餐廳的沙發床上。我們可以從男孩的角度去想，如果我們和他有著同樣的心情，那麼父母房間的嬰兒床肯定會引起他的不滿。我們站在男孩的角度去思考、理解、感受。他也想被媽媽關注，可是晚上妹妹卻比他更親近母親。他必須贏得母親的關心。此時，男孩的身體很棒，他是順產，吃了七個月的母乳。因為他的胃不太好，所以當他突然改用奶瓶時，他吐奶了，一直到三歲。雖然現在他營養充足，身體很強壯，然而胃仍然不太好，他以為這是他的一個弱勢。現在我們應該明白他向孕婦扔石頭的原因了。他很挑食，當家裡的飯菜不合他的胃口時，父母就會給他錢讓他去買自己喜歡吃的東西。可是，他卻向別人訴說，父母常常餓著他。他對於說謊已經習以為常了，他就是想用詆毀別人的方法取得自己的優越感。

如今我們就可以解釋他到我們診所所講的夢了。他說：「我是西部的一個牛仔，他們將我送到了墨西哥，我必須殺開一條血路回到美國。有一個墨西哥人想擋住我，我就在他的肚子上使勁踢了一腳。」這個夢其實表達了這樣的事情：我被敵人包圍了，我必須全力拚搏。在美國，牛仔是英雄的象徵，在他看來，欺負小女孩和踢人家的肚子就是英雄的表現。我們已經了解到，在他的印象中，肚子是一個極其重要的部位，也可以說是致命的部位。他的胃一直不好，他的父親也患有神經性胃病，並且沒有治癒。所以在這個家庭中，腸胃佔有很重要的地位，小男孩的目的就是攻擊別人的弱點。

在他的夢中和行動上我們都可以看出他的人生態度。如果我們不把他從生活的夢境中喚醒，他會一直這樣生活下去。他不但和自己的父親、妹妹、比自己小的女孩做對，還和那些阻止他行為的醫生做對。夢中的情境促使他繼續自己的行動，他要成為一個英雄，他要征服別人。除非讓他認識到自己是在自欺欺人，否則他不會改掉自己的毛病。

我在診所中向他解釋了他的夢。夢中的他生活在一個充滿敵意的國家，那些想阻止他、懲罰他的墨西哥人都是他的敵人。等他再次來到我的診所，我問道：「從上次見面到現在，你覺得自己有什麼變化嗎？」

「我以前是一個壞孩子。」

「你以前都做過什麼？」

「我欺負比我小的女孩。」

這並不是後悔的表現，而是在炫耀自己的能力。在我們的幫助下，他仍然堅持自己是一個壞孩子。他還說：「我不要改變自己，我同樣會踢你的肚子。」我們要怎樣幫助他？他仍生活在自己的夢裡，仍以為自己是一個英雄，我們必須消除他從這種角色中所取得的滿足感。

我們對他說：「你認為英雄會去欺負一個弱小的女孩嗎？這是英雄行為嗎？如果你想當英雄，就要去和那些身體強壯的女孩做對抗。要不你還是放棄吧。」這只是治療的一個方面。我們要做的是讓他明白，不要再執著於自己的人生態度。曾有一句德國的古諺語是這樣說的：「在他的湯中吐口水」，只有採用這種辦法，他才會放棄那碗湯。治療的另一方面是，讓他鼓足勇氣與他人合作，以另一種方式去為社會做出貢獻，找到人生的意義。對社會有責任感的人是不會做出違背社會道義的事情的，除非他認為這樣做很有必要。

一個單身的二十四歲女孩，在從事一份祕書工作。她對我說，她的老闆是個欺軟怕硬的人，這讓她難以忍受。她還覺得自己不會有真正的朋友和友誼。從經驗中我們可以看出，她無法獲得友情，是因為她有太強的支配欲望，她希望自己成為眾人關注的對象，她的目的也只是顯示自己的優越感而已。可能她與她的老闆是一種類型的人，想操縱控制他人。這樣的兩個人碰到一起，麻煩自然免不了。這個女孩兄弟姐妹七個，她是家中最小的一個孩子，是父母的寵兒。她的外號叫「湯姆」，可見她很想讓自己成為男孩子。這就讓我們更加懷疑：她是否已經將控制他人顯示自己的優越性作為自己的目標，也許在她的意識中認為做男人就可以控制他人，並且不受他人的控制。

她很漂亮，她認為自己受人喜歡完全是因為她的容貌，所以她很害怕毀容。她十分了解，在當今社會，漂亮的女孩更容易給人留下印象，更容易控制他人。但是，她想讓自己成為男人，想像男人一樣控制別人。所以，她對自己的容貌又不是過於關注。

在她童年時期曾受到一個男人的驚嚇，她承認現在仍然害怕自己成為那些盜賊或襲擊者的犧牲品。她既然想成為男孩，卻害怕盜賊，這的確令我們有些不解。但是，仔細想想就會覺得並沒有什麼稀奇的了。正是因為這樣的恐懼才使她有了這樣的目標。她想置身於一種受自己掌控的環境中，對其他環境則統統排斥。她無法控制那些盜賊或襲擊者，所以她想把那些人消滅掉。她想成為男人，可是實現不了，她就會將責任歸於環境。我們把這種對女性角色不滿的現象稱為「男性傾向」，她還會發出這樣的感慨——「我是男人，我要克服各種做女人不利的方面」。

接下來讓我們看看她夢中的情感和現實的情感是否相似。她在夢中常常是孤身一人。她是一個被慣壞了的孩子，她的夢表示：「我必須有別人的照顧和關心，我獨自一人的時候沒有安全感，別人會襲擊我、壓制我。」她還常常夢到自己丟了錢包。那是她在提醒自己：「小心點！你可能丟東西。」她真的不想丟任何東西，尤其是不想失去對別人的控制權。她將生活中的一件小事——丟錢包作為了丟失所有東西的代表。這又是一個藉由夢中的情感強化人生態度的例子。她現實中並沒有丟過錢包，可是在夢中發生了這樣的事，給她留下了這種情感。

她的另一個較長的夢可以幫助我們更清楚地了解她的人生態度。她說：「我夢到自己去游泳池游泳，那裡的人很多，我站到了別人的頭頂上。我有一種感覺：如果有人發現我站在了他人的頭頂上，肯定會大聲嚷嚷起來，而我就可能因此而掉下來。」我想如果我是雕塑家，肯定可以將她夢中的情景畫出來：她站在他人的頭頂上，把別人看成自己的底座。其實這也是她人生態度的表現，她很想擁有這種感覺。可是，她卻對自己的位置感到不安，她認為別人也會了解她內心的焦慮，然後給她以幫助，這樣她才可以繼續站在別人的頭頂上。然而她感覺在水中游泳並不安全，這則是她全部人生的表達。她的心理目標是：「雖然我是一個女孩，但我想成為男人。」她也是和其他家中最小的孩子一樣，志向遠大，但是她只想讓別人看到她的優越地位，卻不想承擔在優越地位所有的負擔，並且她一直將自己置於一種焦慮和恐懼之中。如果我們可以找到幫助她的方法，就要讓她甘願做一個女人而不再崇尚男性，並要她以平等的態度對待周圍的人。

有一個女孩在十三歲的時候，弟弟在意外事故中死去了。在她的童年時期，她記得這樣一件事：「弟弟在剛學走路的時候，有一次，她抓住一把椅子想向上爬，可是椅子倒了，砸在了他身上。」這是另外一次事故，由此我們可以看出她對生活中的危險感受很深。她說：「我常常做一個奇怪的夢：我走在一條大街上，街上有一個坑，可是我卻沒有發現。所以我掉了進去，坑裡充滿了水，我碰到水馬上就醒了，可是心跳不止。」

其實，這個夢並沒有什麼奇怪之處，可是如果她還想讓這個夢嚇醒自己，這個夢對她來說就是神祕的。這個夢是在提示她：「一定要小心，生活中有很多不知道的危險存在。」但是，其實際意義遠大於此。如果你沒有什麼地位，就不會掉下來；如果你有掉下來的危險，就證明你想讓自己超越他人。所以，這個夢還告訴她：「我地位很高，我要時時注意，別讓自己掉下來。」

在以下的案例中，我們會明白，早期的記憶和夢中的情形，都是受著同樣的人生態度所支配的。

一個女孩說：「我記得那時很喜歡看別人蓋房子。」我想她是具有合作精神的人，因為我們不可能讓一個女孩去蓋房子，但是藉由她的興趣，我們可以看出，她喜歡與人合作完成工作。「在我還是個小孩子的時候，常常站在很高的玻璃窗前，至今我仍然記得那些玻璃窗格，就像昨天剛剛發生的一樣。」如果她感受到了玻璃窗很高的現實，那麼就證明在她的腦海中已經形成了高與矮的對比。她其實在說：「窗戶很大，我很小。」她說自己很小，這並沒有什麼奇怪的，正因為此，她對於大小很敏感。她說自己至今仍然記得那些玻璃窗格，是她炫耀自己的一種表現。

再來讓我們看看她的夢。「我和另外幾個人坐在汽車裡。」她喜歡與別人在一起，所以我們說她是有合作精神的。「我們開車來到了一片樹林。大家跳下汽車，跑進了樹林。他們的個子幾乎都比我高。」這又是她對大小的一次反應。「我追趕上他們，跟著進入了一個電梯中，後來電梯降到了一個十英尺深的礦井中。我想，如果我們出不去了，肯定會被悶死在這裡。」現在她感受到了周圍的危險。人並不是毫無畏懼的動物，很多

人都害怕危險的來臨。但是，她卻說：「結果我們安全地出了電梯。」從這裡我們可以感受到她的樂觀精神。如果她是一個懂得合作的女孩，那麼她就是勇氣十足、積極樂觀的。「我們在那裡待了一分鐘，後來又坐著電梯上來了，接著跑回了汽車裡。」我確認這個女孩有著足夠的合作精神，但是她卻想讓自己變得強大起來。我們也可以從她身上發現某種緊張情緒存在，比如她常常踮著腳走路，但是在她與別人的合作和發展中會使這種情緒得到緩解。

夢的隱喻和象徵有時是可笑的，它們會將兩種意義不同的事物相聯繫，它們可以同時表達兩種觀點，但其中一個也許十分荒誕。

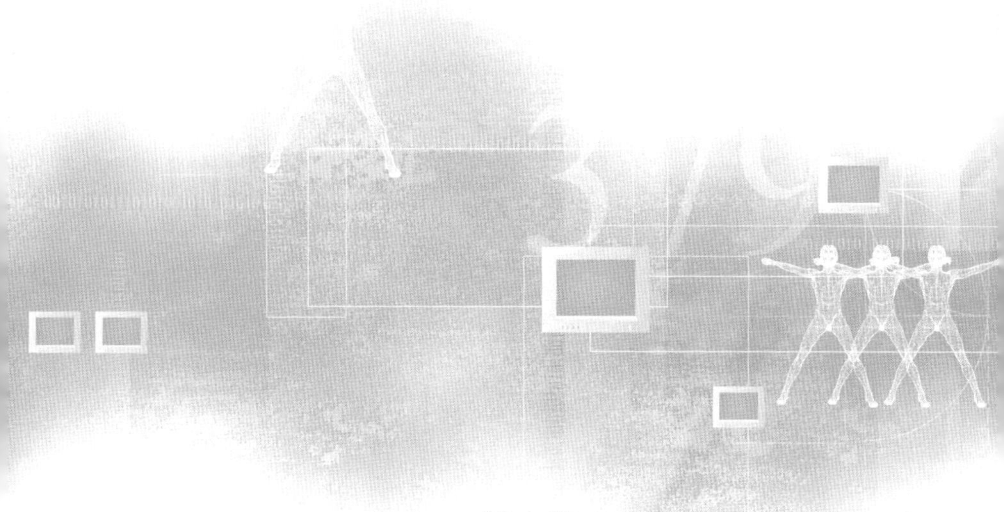

第六章
CHAPTER 6

《家庭的影響》

孩子最先接觸的人是自己的母親，母親也是他除自身之外最感興趣的人。母親是將孩子與社會相連接的第一條樞紐。孩子如果無法和母親（或者其他可以代替母親角色的人）建立關係，必定走向滅亡。

一、母親的作用

自孩子剛剛來到這個世上，他所有行為就都是為了和母親建立聯繫而做的。在最初的幾個月中，母親在他生命中的地位任何人都無法替代，他完全依賴母親。這是他開發合作能力的最初環境。孩子最先接觸的人是自己的母親，母親也是他除自身之外最感興趣的人。母親是將孩子與社會相連接的第一條樞紐。孩子如果無法和母親（或者其他可以代替母親角色的人）建立關係，必定走向滅亡。

孩子與母親之間的這種聯繫不僅親密，而且意義深遠，以至於我們無法區分出哪些性格是遺傳因素。可能原來的遺傳性格也在母親的影響下得以改變了。孩子的所有潛能都會受到母親的影響。一般來說，母親的技能就是指她與孩子合作的能力，以及她讓孩子與自己合作的能力。這種能力沒有固定的模式。每天的情況都會不盡相同，母親必須在這些方面將自己的觀察力和理解力傳與孩子，以滿足他們的需要。只有母親真正關愛自己的孩子並希望得到孩子的愛，還想保障孩子的利益時，這種技巧才會充分發揮出來。

我們可以從母親的所有活動中看到她的態度。母親有著各種和孩子親密接觸的機會，比如抱孩子、與他談話、給他洗澡、餵他吃飯。如果她對這些事不熟悉或者沒有興趣，就會顯得很笨拙，孩子也就不會對她產生興趣。如果母親從不去給孩子洗澡，孩子就會覺得洗澡是很令人厭煩的事。這樣，母子之間就不會有一種和諧存在，孩子還會想著遠離母親。所以，母親把孩子放上床的方式、製造出的聲音以及她所有的行為動作都應該很有技巧。母親要懂得照顧孩子，並讓他學會獨處，還要為他考慮空氣、室溫、營養、睡眠、生理健康和衛生清潔等方面的因素。她時刻都在給孩子提供機會，讓孩子喜歡她或者討厭她、親近她或是排斥她。

其實做好母親並沒有什麼祕密可言，任何技巧都是對興趣進行訓練的結果。人在很小的時候就開始了做母親的準備。比如，我們觀察女孩對弟弟妹妹的態度，看她們對於嬰兒的興趣，或者從對母親所做之事的關注程度就可以看出。對待女孩和對待男孩的教育態度應該不同，因為他們未來要做的事情是不一樣的。如果想讓一個女孩以後成為合格的母親，那麼從小就要培養她的為母之道。讓她主動接受母親這一角色，並讓她感受到做母親的樂趣和意義，讓她在以後不要因為無法承擔起母親的責任而失落。

但是很不幸，在某些地方，這種為母之道的培養並未得到重視。如果有重男輕女的思想，男孩自然會比女孩受寵，那麼女孩就不會喜歡自己做母親的角色，因為誰都不想居於人下。當她們結婚後，同樣會對生子產生厭惡感。她們並不想要孩子，對孩子也沒有特別的期待，因為她們並不覺得做母親是一件偉大且有創造性的事情。

這也許是社會中的一大問題，但是很少人去想解決的辦法。人類社會與女人的為母之道是分不開的。無論何時，女性也不能被看成低人一等。我們常常發現，男孩子們在很小的時候就把做家事看成僕人才做的事，他們認為自己做家務是很丟人的事。其實，做家務應看作是女性的一大貢獻，而不是身份卑微的一種表現。

如果一個女人對做家務興趣濃厚，並且認為自己的作為可以給家人帶來輕鬆和快樂，那麼她就會認為做家事和世界上的其他工作一樣重要。反之，如果女人認為家務是下人的工作，是身分低賤的一種表現，他們就會厭煩這種工作，並且還會為自己尋找種種藉口，說男女是平等的，她們應該和男人一樣發揮自己的潛能，並得到相應的待遇。但是，潛能是藉由社會責任感得到發揮的，責任感讓女性有了奮鬥的方向，使女性可以不受限制地發揮自己的能力。

如果我們貶低了女性的價值，那麼婚姻的幸福也就無從談起了。如果女人認為養育孩子是很低賤的事情，那麼她絕對不會全身心地投入到關心、照顧孩子上，更不懂得與孩子溝通交流的技巧。而要想讓孩子的人生有個好的開端，這是很必要的。那些不滿足當好母親角色的女性也有自己的目標，她們的目標與一般女性不同，她們將孩子和家庭看成一種束縛和累贅，只想做一些可以超越別人、證明自己實力的事情。在很多失敗的案例中，我們都可以看到，母親並沒有盡到自己的義務，沒有給她們孩子的人生一個良好的開端。如果所有的母親都對自己的工作不滿意，對自己的孩子沒有興趣，那麼她們不是一個合格的母親，也使人類的發展將充滿危機。

但是，如果某位母親在養育孩子上出現了失誤也不一定是她的錯，因為她有可能受到很多事情的約束。這並不能將錯歸於誰，比如，母親沒有受過正規的訓練，不知道該怎樣去培養孩子；她的婚姻生活並不幸福，心情很壓抑；她對周圍的環境感到焦慮甚至對生活產生絕望的思想；如果母親的身體狀況不好，也許她想和孩子溝通合作，但是心有餘而力不足；家裡的生活條件不好，根本無法為孩子提供有營養的食物、保暖的衣服、溫暖的屋子。

其實，孩子的經歷並不能為他的行為做指導，只有那些從經歷中得出的經驗才有著指導作用。我們在研究那些問題兒童時，常常發現他們與母親之間有著很多矛盾，但是那些正常孩子的身上也會有這樣的矛盾出現。讓我們再次回到心理學的觀點上來：性格並不是由固定原因造成的，孩子可以藉由自己的經歷去實現某一目標，而正是這些經歷讓他們形成了特定的人生觀。我們不能說心理有問題的孩子一定會犯罪，我們還要看他從自己的經歷中獲得了什麼。

但是，有一點可以肯定，如果一位女性對於做好一個母親的角色並不感興趣，那麼她和孩子都將面臨很大的壓力和困難。一位母親的本能是我們無法估量的，在很多研究中都表明，母親對孩子保護的本能超過任何動力，即使老鼠和猴子也是如此。如果將性或饑餓的驅動力與母性的本能相比，那麼母性將勝過一切。

這種動力與性無關，而是一種合作的精神。母親常常將孩子看成自己的一部分，有了孩子，她才會覺得自己是一個整體，才會感受到主宰自己生命的力量。我們幾乎可以在所有的母親身上發現這種感情，不論多少，即便她的孩子只是一件作品。在母親心裡，會認為自己就是造物主，看著一個個新生命在自己手中降生。擁有做母親的欲望，是人類向卓越發展的一個表現。這個例子簡單明瞭，它告訴我們應該如何按照人類最深的情感去服務於社會和人類。

有的母親將孩子看得過重，認為孩子可以完成她未完成的使命。她會想方設法讓孩子依賴她，受她的約束。這樣孩子就真正成為了她的一部分，永遠無法分開。有這樣一個例子：

一位村婦在七十五歲的時候還和五十五歲的兒子生活在一起。後來，他倆同時患上了肺炎，之後母親康復了，兒子卻死在了醫院。母親得知兒子死去的噩耗時，說：「我知道自己很難將這個孩子養好。」在這位母親的心裡，自己應該為孩子的一生負責，從未想過讓他獨立生活。我們可以想像，如果一個母親不能將母子之間的聯繫延伸，不讓自己的孩子與他人合作，是多麼可悲的一件事。

母親和別人的關係亦很複雜，所以她不應該只注重和孩子之間的關係。不管從孩子還是從母親來講，都是如此。如果我們過於強調一個問題，另外的問題就會被忽視。母親和丈夫、孩子、社會之間都有著某種聯繫，這三種聯繫是缺一不可、同等重要的，都需要我們冷靜面對。如果母親只注重和孩子之間的關係，就會對孩子過分寵愛，以至於慣壞，這樣也會讓孩子失去與人合作的能力。在母親和孩子的關係變得良好穩定的時候，就要讓孩子將這種關係延伸到父親身上。可是，如果這位母親對孩子的父親都沒有興趣可言，那麼孩子與父親的這種關係就很難建立。之後，還要將這種關係擴大到周圍的環境中，像別的孩子身上、親戚和朋友中。所以，母親的責任是雙重的：首先她要讓孩子有一個信賴他人的初次經歷，然後要將這種信任延伸到整個社會。

如果母親將孩子的目光只轉向自己，那麼以後孩子將很難接受甚至排斥與他人接觸的事情。他會一直依賴母親，如果誰想從他母親那裡取得關愛，他必將與那人為敵，不管是自己的兄弟姐妹還是自己的父親。久而久之這個孩子就會這樣認為：「媽媽是屬於我自己的，你們無權分享她的愛。」

然而，現代心理學卻對此事有所誤解。比如在佛洛伊德看來：男孩會有一種戀母情結，他們想和自己的母親結婚，痛恨自己的父親，甚至想殺死他。如果我們對孩子的成長過程有所了解，就不會有這種想法了。那些想尋求母親關注而排斥他人的孩子身上有戀母情結的現象，但是這與性毫不相關，他們只想讓母親照顧自己，想讓母親成為自己的，不想讓任何人與之分享。這種現象只在那些被母親寵壞的孩子身上有所展現，他們認為除了母親，自己不可能和任何人建立良好的關係。有這樣一些男孩，只和母親保持著良好關係，所以他們也會將母親看成自己的戀愛和婚姻對象。可是這只能說明在他們心中，除了母親，沒有任何人對他們言聽計從，沒有任何人與他很好地合作。所以，戀母情結是養育方式的錯誤。這是人為造成的，不能歸結於與遺傳有關的亂倫，更沒有任何性欲的願望。

一個只和母親保有聯繫的孩子，只要脫離了母親，就會出問題。比如，他去上學或者去公園時，會一直緊緊跟隨著母親。一旦母親不在他身邊，他就會很難過。他會利用各種手段，讓母親時時跟隨他，讓母親全身心地關注他。比如：他會充當母親情人的角色，裝出一副柔弱無助的樣子，博得母親的同情；當母親不能滿足他心願的時候，他就會大哭或者裝病，意在告訴母親他仍是一個需要照顧的孩子；他還可能大發脾氣，與母親爭吵，目的仍是獲得關注。這些孩子幾乎都是被母親慣壞的人，他們拚命地想贏得母親的關注，又拚命地拒絕著任何與外界的聯繫。

有人提出，將母子分開，讓保育員或收容所培養他們是補救母親失誤的良方，其實這種建議可笑至極。如果要找可以替代母親角色的第二人選，首先應該像母親一樣，對孩子充滿興趣。事實是，孤兒院不可能搭建人與人溝通的橋樑，那裡長大的孩子對他人沒有任何興趣。如果將母子分開，還不如對母親進行訓練見效更快一些。

曾有人對收容所的孩子進行過觀察，結果他們的發育情況並不樂觀。若讓保育員或修女單獨負責照顧一個孩子，或將他們放在一個家庭裡寄養，讓他和養母的孩子們一起成長，結果發現只要養母傾情投入，他們的成長情況就會大為不同。此類孩子多是孤兒、私生子、棄兒，或是出自單親家庭，如果讓他們離開自己的父母，就要為他們找一個能代替親生父母的人對他們進行撫養。由此我們看出，母親的關係和愛護是何等重要。

繼母的處境常常很難，丈夫前妻的孩子往往與之為敵。但是這並不是無法解決的問題，有很多繼母做得非常不錯。孩子在失去母親之後，就會將自己的期望轉向父親，想從父親那裡得到像母親一樣的關愛；但是當繼母來到家中時，孩子們就會覺得繼母將父親的愛搶走了，所以他們就會痛恨繼母，並與她為敵。可是很多繼母並不了解這種狀況。所以繼母將對孩子們的敵意表示反擊，這樣孩子們不但不會屈服，反而更加囂張。在與孩子的交戰中，繼母永遠不會勝利，因為孩子們即使失敗了，也仍然拒絕與你合作。所以在這種抗爭中，勝利者往往是弱小的一方。孩子們不想給予，你卻偏要索取，這樣你什麼都不會得到。如果我們知道抗爭解決不了關愛和合作的問題，這個世界就會減少很多無謂的壓力和努力。

二、父親的作用

在家庭中，父親和母親有著同等重要的地位。最初，孩子與父親的關係總是比不上與母親親密，但是在以後的生活中這種關係也會發生變化。我們已經知道母親如果不把與孩子的關係延伸至父親將是很危險的。這樣的孩子在以後的生活中常常出現很多問題。對於孩子來說，那些婚姻不幸福的家庭也是很危險的環境。母親只想讓孩子屬於她個人，根本不想讓父親融入到她與孩子中間。也許孩子只是父母戰爭中的一顆棋子。他們都想讓孩子依附自己，希望得到孩子更多的關注。

有矛盾的夫妻總是形成對峙，看誰更疼愛孩子，看誰可以更好地控制孩子。如果父母之間的這種分歧被孩子得知，他們就會巧妙地利用這種矛盾為自己得利。這種環境中的孩子是不可能有合作精神的。孩子首次體驗到的合作精神都是從父母那裡得到的，如果父母之間並不合作，孩子的合作精神也就無從談起了。並且，從父母那裡，孩子也會產生對婚姻的初次印象。在婚姻不幸福的家庭中長大的孩子，如果以後不特意改正自己的想法，他們對婚姻也會不信任，以至於他們自己的婚姻也總是失敗的。他們總是在逃避與異性相處，甚至認為自己的婚姻注定是不幸福的。所以，不和諧的婚姻生活，一定會對孩子造成很大的影響。婚姻的目的應該是謀取兩個人共同的幸福，給孩子提供一個良好的家庭氛圍，其中不管哪一方面出現了錯誤，都不會有一個美滿幸福的家庭。

婚姻是一種合作關係，沒有地位之分。對此我們需要仔細論述。在家庭生活中不需要有地位高低之分，如果某個成員的地位遠遠高於他人，將是一件很悲哀的事。如果父親是一個脾氣火爆的人，想成為家庭中的主宰者，那麼他就會將這種錯誤觀念傳遞給自己的兒子。這種家庭氛圍對女兒的傷害會更深，她們會以為男人都是家中的暴君，她們以為婚姻就是受人主宰、控制的家庭生活，以至於有的女孩長大後為了不受異性的傷害，拒絕異性的交往。

如果母親是家庭中的主宰者，整天嘮叨不停，就會出現相反的影響。這樣，女兒就會像媽媽一樣尖刻、挑剔；男孩則時時處於防禦狀態，警惕著母親對他的控制，並害怕自己被罵。有時不僅是母親嚴格，就連姐姐和姑姑也一起管教男孩，這樣男孩就會變得性格內向、畏縮不前、不想接觸社會。他開始逃避與異性相處，因為他害怕所有的女人都是愛嘮叨的人。誰都不想被指責，但是如果一個人將逃避指責看成人生中的重要事項，那麼一定會對他的生活造成阻礙。在遇到任何事的時候他都會這樣問：「我是征服者，還是被征服者？」這樣的人認為人與人之間沒有平等可言，只能是你勝我負的關係。

對於父親的責任我們可以這樣概括——妻子的好丈夫，孩子的好父親，社會的好公民。他必須將人生的三大問題——事業、友情、愛情處理得當，還要在家庭問題上與妻子很好地合作。他應該知道妻子在家庭中佔有很重要的地位，他不應該輕視妻子的地位，而應與她合作。我們必須強調一點：家庭中的主要收入雖然來自於父親，但是管理家庭的責任仍然需要兩個人共同承擔。他萬萬不能將自己看成施與者，而將其他成員看成接受者。在和諧美滿的家庭中，父親工作賺錢只是其在家庭中的一項分工而已。很多父親認為自己工作賺錢供別人花，自己就理所當然是家中的主宰者，這是極其錯誤的想法，我們應該避免任何不平等的思想。

所有父親都要明白，男性的強勢地位是當今文化過度強調的結果，所以在結婚之後，妻子也許會害怕自己受人支配或控制。男性不能只因妻子是女性，不能像他一樣給家裡賺錢，便歧視妻子。不論妻子是否有經濟能力，只要平等合作關係還是家庭生活的基礎，有關賺錢和花錢的問題就無需再追究。

父親會給予孩子很深的影響，甚至在很多孩子的一生中，父親不是被視為榜樣，就是被視為死敵。懲罰孩子，特別是體罰，往往會極大地傷害孩子。所有兇暴的教育方式也都是錯誤的。父親在家庭中常常充當著懲罰孩子的角色，這是很不幸的，因為這樣無疑給孩子傳達了這樣一種思想：母親的柔弱根本不能教育好孩子，必須依靠父親的力量才能讓孩子「改邪歸正」。如果母親常常對孩子這樣講：「你等著吧！看你父親回來之後怎樣處罰你。」這就在無意中告訴了孩子：男人才是家裡的統治者，才是生活中的主宰者。同時也會使孩子和父親的關係變得不友好，孩子會因為害怕父親，而不與他溝通合作。也許女人害怕孩子因為自己的懲罰和自己的關係疏遠，但是將這種事交給父親去做同樣是錯誤的。這樣做也許母親並不能從根本上消除怒火，孩子也仍然會因為母親「召集救兵」的行為感到反感。如果母親用「我會讓你父親處罰你」的話來嚇唬孩子，那麼在孩子心中會對男性產生怎樣的想法呢？

如果父親可以適當地處理人生的三大問題，他將成為家中的重心，是一個好丈夫和好父親。父親也會與人很好地相處，且朋友眾多。因為交往範圍廣，他就將家庭融入到

了更大的生活圈子中。他不會將自己封閉起來，也不會把自己限制在傳統觀念之中。這樣，家庭之外的事情也會藉由他帶給家人，他就會告訴孩子如何與人合作，如何關注他人。

但是，丈夫和妻子應該生活在同一個社交圈中，不要只注重自己的交友範圍，否則代溝就會慢慢形成。當然，我這裡所說的並不是讓他們如影隨形地一直不分開，而是要他們和諧相處。如果一個丈夫並不想讓妻子認識他的朋友，就會產生很多問題。此時我們已經看出，丈夫的社交中心已經不再是自己的家。這樣對孩子的教育也沒有好處，父母應該讓孩子懂得家庭只是社會的一部分，在家庭之外也有很多可以交往的朋友。

如果父親與其父母、兄弟姐妹關係融洽，就說明他有良好的合作能力。當然，走出家庭過自己的生活是他一生中必須要做的事，這並不表示他不愛家人了，或是要和他們斷絕關係。如果兩個人婚後仍以父母為中心，並依賴父母生活，仍將與父母的關係放在首位，那麼他們的家只能是父母的家，而不是他們建立起來的屬於自己的家，他們的合作關係也就不會得到很好的發揮。

有時丈夫的父母會因為疑心重，想知道自己兒子生活中的家庭瑣事，這樣就常常給兒子的家庭帶來很多麻煩。妻子會覺得公婆對自己有意見，並且也會因為他們干涉自己的生活而氣憤不已。尤其是那種不顧家人反對而獨自做主的男人，在婚姻中更容易遇到這類事情。我們很難說父母做錯了什麼。如果父母並不想成就這段婚姻，那麼要在兒子結婚之前提出自己的意見。可是既然兒子已經結婚，他們就只有一條路可選——使兒子的婚姻幸福美滿。人與人的矛盾總是時時存在的，丈夫應該理解，無需為此煩惱。他應該用事實證明父母對他的婚姻不滿意是他們的錯，自己的選擇才是最正確的。夫妻二人不必都去順從父母的意見，當然我們爭取讓大家和諧相處，如果公婆做任何事也是為兒媳和他們的家庭著想，那就不會有太多的麻煩了。

每個人都想讓自己的父親擔起養家的責任，成為家中的重心。在這些方面，妻子或孩子都可以給他提供幫助，男人承擔著主要的經濟重任。所以，他必須積極工作，勇敢面對一切困難，並且了解自己職業中的利弊所在。此外，在工作中與他人合作，博得別人的尊敬也是必不可少的。

實際上，工作的意義並不止這些，父親還應該為孩子樹立一個榜樣，讓他們面對困難時像父親一樣勇敢。所以，這就要求他有處理問題的方法和一份對人類有益的工作。不管他對自己的工作有怎樣的看法，主要的是他的工作可以為人類做出貢獻。我們也無需過於關注他所說的話，因為如果遇到一個總是自我誇耀的父親，我們會感到很失望，但是如果他的工作的確是有意義的，那麼說出來的只是事實，也就沒有誇張的意思了。

接下來讓我們談談愛情和婚姻的問題，以及怎樣創造和諧幸福的家庭。丈夫首先要做的就是關心自己的妻子。這一點我們很容易就可以看出。如果他是個心思細密的男人，他就會對妻子所關注的事加以關注，也會認為自己應該給她提供幸福的婚姻。將注意力集中在某人身上並不是愛的唯一表達方式，和諧相處也是對愛的表達。丈夫要懂得如何取悅妻子，並和她保持很好的關係。只有兩人將對方的幸福看得比自己的幸福還重要，才會有真正意義上的合作，只有讓給對方的愛大於對自己的愛才是真正的愛情。

丈夫對妻子的愛不可在孩子面前過分表現。夫妻間的愛和他們對孩子的愛是完全不同的兩回事，他們之間沒有任何衝突。但是在孩子心中往往產生這樣的想法：父母之間的愛太多了，對自己的關愛就會減少。這樣孩子就會心生嫉妒，從而在父母間製造問題。

關於性伴侶的問題，我們必須足夠重視。當孩子遇到性問題的困惑時，一般要父親向男孩解釋，母親向女孩解釋。父母一定要記住：只解答孩子提出的問題或他們在所處年齡應該知道的問題，不能主動去講那些他們沒有提問的問題。因為如果向孩子解釋過多這方面的問題，反而會加重他們的好奇心。如果隨便將性知識講給自己的孩子聽，與不向孩子解釋任何性知識而含糊了事一樣沒有益處。最好的方法就是告訴孩子他們想了解並能夠接受的知識，不要隨便講出我們認為他們應該明白的事情。我們要讓孩子認為我們是真誠的，讓他們認為我們在與他們合作，並幫他們尋找解決問題的辦法。只要這樣去做，就不會產生大的錯誤。

夫妻之間不可常常圍繞錢的問題來討論。那些沒有經濟來源的女人對錢的敏感程度會甚於男性，如果有人說她不懂得節約，一定會對她的內心造成很大的傷害。金錢問題也應該是家庭問題中的一部分，同樣需要以合作的方式解決。妻子沒有理由去強迫丈夫承擔家庭中的全部開支。如果在金錢問題上夫妻之間一直意見一致，就不會有人覺得自己是被施捨或被剝奪的一方。

父親應該明白，孩子的未來並非只靠金錢來保證。我曾看過一個美國人寫的很有意思的書，在書中他描述了一個由貧民變為富豪的人。他想讓自己的後輩永遠富貴，為此他去諮詢一位律師。律師問他想富裕幾代人，他說十代。

律師說：「你能做到，但你要清楚，任何一個十代子孫，都有五百個以上的先輩跟你存在血緣關係，這些人都會自認是你的後代。如此一來，你還承認這些子孫嗎？」

我們在此以一種極端的例子說明一個道理：人們無法與社會同胞脫離聯繫，無論為後代留下什麼，其實都是在為整個社會服務。

在一個家庭中，可以沒有統治者存在，但是卻不可沒有合作精神。在子女教育的問題上，我們一定要團結一致，共同努力。但是，要記住一點，不管父母哪一方，都不要對任何一個孩子有過分的寵愛。過分寵愛的危險，常常是我們無法預料的。童年時期的孩子心情壓抑，常常是因為父母過於關心他的兄弟姐妹而忽視了他的結果。也許你會說這樣的結論沒有依據，但是在各方面都受到平等對待的孩子是不會有這種現象的。如果父母重男輕女，女孩就會產生自卑心理。孩子的心靈往往更加敏感，他們常常因為感覺父母對他的寵愛不如對其他的孩子而走上錯誤的道路。

當然，父母總是有意無意地對家中優秀卓越的孩子更加偏愛。但是我們應該利用一些技巧和辦法，不讓這種偏愛顯露在外。否則這個優秀的孩子會讓別的孩子感到自卑和沮喪。他不但會引起別人的嫉妒，還會讓其他孩子喪失自信，同時也會影響他們的合作能力。父母說自己一直公平地對待著每一個孩子遠遠不夠，他們還要觀察在這些孩子中有沒有被父母偏愛的疑慮。

三、偏愛孩子還是平等對待

孩子們總有自己的一套方法來贏得父母的關注。比如，被過分寵愛的孩子往往害怕獨自待在黑暗中，其實他們害怕的並不是黑暗，而是想利用恐懼心理來贏得母親的關注。有一個被溺愛的孩子，只要到黑暗的地方就會哭泣。那天晚上，媽媽聽到哭聲走了過來，問道：「你害怕什麼？」他說：「我怕黑。」母親知道了他的意圖，所以說：「我過來以後，是不是就不那麼黑了？」可見，黑暗並不是他真正懼怕的東西，他只是不想和母親分開。他所有的感情、力量和心智都為了營造一種情境，在這種情境下，他要和母親在一起。除此之外，他還會利用哭鬧、嚎叫和不睡覺等方式讓母親圍繞在他身邊。

恐懼是教育學家和心理學家極為關注的一種情感。然而，個體心理學關注的不是恐懼的原因，而是恐懼的目的。幾乎所有被溺愛的孩子都有恐懼症，他們正是利用自己的恐懼贏得了別人的關注，並成為自己人生態度的一部分。他們想利用這種情感去接近母親。那些膽小的孩子一定是在父母的溺愛中長大的，並且想一直被別人寵愛。

被寵壞的孩子總是會做噩夢，並在夢中大聲喊叫。我們似乎對這種病症十分熟悉，但是如果不接受睡眠和清醒是一脈相承的關係，就無法理解這種情形。本來，睡眠和清醒就不是對立的，兩者無非是一種事物的兩個方面罷了。孩子在夢中和在白天的行為方式相差無幾。當他一心要將情境變得更加有利於自己時，他的整個身心都會為此而動。當經過訓練和有了經驗積累之後，他會找到實現目的的有效路徑，各種適用的觀念、場景和記憶等要素，在睡夢中都充斥著他的頭腦。一個被溺愛的孩子有過幾次經歷後就會發現，由噩夢衍生的荒誕情緒可以再次讓母親親近自己。有些被寵愛的孩子在長大之後甚至仍不時做著各種焦慮的噩夢，夢中的恐懼同樣可以贏得別人的關注，久而久之，這就形成了一種習慣。

煩躁的情緒同樣是孩子慣用的手段，如果那些被溺愛的孩子可以在睡覺之前讓父母安安靜靜的，可真是新鮮事。他們想贏得父母關注的方法實在太多了，他們說自己的被褥不舒服，說自己想喝水，說自己害怕妖魔鬼怪。有的孩子只有父母守著才可以睡覺，有的孩子會夢遊、掉到床下。我曾遇到過這樣一件事：

一個被溺愛的孩子晚上從不製造麻煩，而是安安靜靜地睡覺，既不做噩夢，也不會半夜醒來做這個做那個，但是她卻在白天麻煩不斷。我感到異常奇怪，因為那些將贏得母親目光的手段，這個女孩卻一個都不用。最後，我終於發現了原因。

我問她母親：「她在哪兒睡覺？」

她回答：「在我床上。」

被寵壞的孩子常常希望自己得病，因為只有生病才能讓父母更加疼愛。我們經常看到這種情形，孩子生病之後，就會出現很多問題兒童的跡象。所以我們總以為這些問題是疾病所致。然而事實卻是這樣的：在他康復之後，父母就不會再像生病的時候那樣對他們照顧有加，所以為了贏得母親的再次關注，他們就會變成「問題兒童」。有時，當一個孩子發現另一個孩子因為生病被人極為關注時，便想著讓自己得病，他們甚至會不擇手段，像親吻擁抱得病的孩子，讓自己也染上病毒。

有一個住了四年醫院的女孩，讓醫生和護士寵壞了。出院之初，父母在家依然寵她，可是幾週之後這種寵愛便漸漸冷淡下來。所以當別人不能滿足她的願望時，她就會嘴含著手指強調：「我曾住過醫院呀！」

她想告訴別人，自己曾經生病住院，現在也想苛求像在醫院時那樣的優越感。同樣的行為也會在成人身上出現，他們時常言及自己的病情或曾經做過的手術。然而，還有另一種情況：有的孩子曾讓父母頭疼不已，但有時一場病後卻變得獨立自主了。我們已經看到，身體的缺陷確實是孩子的一個額外負擔，但我們同樣發現，這些缺陷並非是構成其心理缺陷的原因。所以我們懷疑，身體康復與性格改變是否有內在關聯。

還有一個男孩，他是家中的次子，他身上的問題很多，比如騙人、偷竊、翹課、個性兇殘、頑固不化等。老師拿他也無可奈何，認為必須讓他進教養所。此時這個男孩患了髖部結核，結果打了石膏，在床上躺了六個月。當他病癒後，竟成為孩子中最老實的一個。我們難以接受疾病對他產生的影響，但一切很快就柳暗花明了：此前他總覺得哥哥受到父母偏愛，而自己則遭受冷落。但在生病期間，他發現自己吸引了所有人的注意力，大家都在關心幫助他，後來，他終於明白了自己以前認識的錯誤。

我們現在再探討一下孩子之間的合作，因為這同樣是家庭合作中極為重要的問題。只有讓孩子意識到他們之間是平等的，他們才會積極參與到社會中。同時，男孩和女孩意識到了性別的平等，也就不會出現重大的兩性問題了。有人問：「在同一個家庭成長的孩子，差別為什麼會如此之大？」這個問題曾被一些生理學家解釋為基因構成的差異，而我認為這是極為荒唐可笑的。我們不妨用小樹的成長來解釋孩子的成長。一片樹木生長在同一個地方，但每棵樹木的小環境又各有差異。有的樹因為汲取了更多陽光和土壤養分而生長較快，那它就必然侵佔了其他樹木的生長資源，如遮擋陽光照射、根繫四處蔓延、搶奪土地養分。如此以來，其他樹木就無法正常生長，顯得矮小和萎靡。一個家庭與此相似，其中一人鶴立雞群，別人則必定相形見絀。

我們前面談過，父母中的任何一方都不應成為家中的統治者。但是我們卻經常看到，如果父親天賦很高或很成功，反而讓孩子認為，父親的成就自己永遠無法趕上，由此心生失望，喪失生活的興趣。名門子弟的表現往往讓父母和社會大失所望，就是父母成就斐然、後輩難望其項背的結果。所以如果父母事業有成，不妨在孩子面前降低姿態，與家人低調相處，以免對孩子造成負面影響。

在孩子之間同樣會有這種情況發生。假如一個孩子突顯優秀，就會贏得大部分人的目光，對他而言自然很好，但是其他孩子卻會對他產生嫉妒和不平的心理。任何人都不可能甘居人下而毫無怨言地默默忍受。優秀孩子傷害了其他孩子，其他孩子的成長過程就會失去內在的精神動力，這絕非危言聳聽。當然，其他孩子仍會追求優越的地位，並且會永無止境地奮鬥下去，但他們的目標有可能偏離主流，或是脫離現實，或傷及社會。

四、家庭中的排行

個體心理學對於研究孩子的出生順序上，有了很大的突破。為了讓大家容易理解這一問題，我們不妨以父母關係和諧，並盡心盡力撫養子女為前提。即使在這樣的前提下，每個孩子在家庭中的地位仍然是有很大差別的，並且他們的成長環境也會大大不同。我們要再強調一下，生活在同一個家庭中的兩個孩子生長的環境是不一樣的，所以，為了適應自己的成長環境，孩子對待人生的態度也會各異。

①長子

家庭中的老大都經歷過一段「獨生子」的時期，但是隨著後邊孩子的出生，他們就必須強迫自己改變，讓自己適應新的環境。第一個孩子的出生常常讓家人將目光都聚集在他身上，他會逐漸習慣這種被寵愛的角色。但是，第二個孩子出生後，他就會在沒有任何準備的情況下被別人奪走自己的地位，他不再是家中的獨子。現在，他必須和別人一同分享父母的愛。這樣的改變會對他們產生很大的影響，很多問題兒童、精神官能症患者、罪犯、自殺者、酗酒者和性行為異常的人都會有這方面的原因。他們是家中最大的孩子，對其他孩子的到來印象極深，而這種地位被人搶佔的經歷也會對他的人生態度造成影響。

家中的其他孩子也會隨著後面孩子的出生失去自己的地位，但是他們並沒有這麼強烈的感受。因為從他一出生就已經有人與他共同分享親情，他從未獨享過任何關愛。然而對於家中的第一個孩子，這卻是巨大的變化。如果父母確實因為其他孩子的出生而忽略了他，他定然不會接受這樣的現實，即使他因此生出怨恨，我們也不能將責任全都推給他。當然，如果父母有足夠的信心讓孩子感受到他們的愛，知道他的地位無人可以代替，尤其讓他們和父母一起迎接要降生的孩子，讓他們一起來看護小孩子，那麼他們心裡就不會再有如此大的怨恨。但是事實往往是這樣的：他們沒有做好接受弟弟妹妹的準備，父母也的確因為其他孩子的降臨忽視了他。所以，他們就開始千方百計地尋求母親的關注，讓自己回到以前的地位。有時，我們會看到兩個孩子同時去向母親索求關愛，誰都想得到更多的關注。

老大因為有體力上的優勢，所以他們總會有更多的方法。我們可以想像，他在這樣的環境下會做出怎樣的事。如果我們和他處於同樣的位置，與他所追求的目標相同，也定會和他採取同樣的做法。我們會給母親找各種麻煩，甚至與她爭吵，做出各種行為只是為了贏得母親的關注。他也會採取同樣的方法，最後母親對他的行為再也無法忍受，當他已經無計可施的時候，母親也對他反感至極，這時他才真正了解沒有人關注的滋味。為了取得母親的愛，他極力去抗爭，結果卻徹底失去了母愛。他感覺被人冷落了，而實際上他的行為也真的被人冷落了。他覺得自己並沒有做錯什麼，他還會說：「我是沒有錯的，別人都是錯的，只有我自己正確。」他就像掉進了陷阱，掙扎得越厲害陷得越深。他仍在為自己的觀點尋找著各種理由，既然他以為自己永遠是正確的，又怎麼能放棄抗爭呢？

我們針對此類抗爭案例，必須進行詳細研究。如果母親與他針鋒相對，孩子就會變得暴躁、喪失理智、刁鑽古怪和桀驁不馴。在母子衝突時，父親可能會給他重新受寵的機會，他因此會親近父親，以期贏得他的關注和寵愛，所以家中老大通常更加偏愛和依賴父親。我們可以肯定，一旦孩子開始偏愛父親，即進入人生第二個階段。孩子早期會依戀母親，當母愛漸漸遠離的時候，他才會將依戀轉向父親，並以此報復母親。如果一個孩子偏愛父親，我們就可判斷他曾經遭遇過挫折，或有被人忽略或忽視。這些事讓他記憶猶新，並且這種陰影也會對他的人生態度產生影響。

這種抗爭通常將長期存在，甚至伴隨孩子一生。這個孩子已經懂得反抗，並且在任何環境中都傾向於爭鬥。他也許沒有志同道合的朋友，於是喪失信心，認為從此無法與人交往。他會變得易暴易怒、沉默寡言和特立獨行，甚至索性徹底自我孤立。這種孩子的所作所為和現實表現，仍然以過去為重心，他們只想沉浸在過去那種美好的回憶之中。

所以，我們總能在老大的身上看到對過去的一種眷戀。他們喜歡回憶，但是卻對未來沒有信心。一個曾經有著統治權和掌控權的孩子，總能更深地體會到權力的重要性。

長大之後，他們同樣會玩弄權術，並過分誇張規則和制度的作用。他們認為任何事都應該按規則執行，並且這種規則是一成不變的。權力應該掌握在那些權力給予者的手中。這時，我們就看出了童年時期的經歷對他之後的思想產生了怎樣的影響。如果這種人擁有了地位，定會時時懷疑別人會有不軌之心，想奪取他的職位。

老大的地位雖然會引發很多令人擔憂的問題，但如果處置得當，也可順利解決。如果老大在弟弟妹妹出生之前已經學會了合作，傷害就不會發生了。我們從一些老大身上可以發現，他們很樂於為他人提供保護和幫助，並且覺得為他人帶來幸福是自己的責任。他們經常會學習父母照料弟弟、妹妹時候的樣子，承擔起父母的角色，做弟弟、妹妹的師長。他們也會因此鍛鍊出很好的組織才能。也許他們提供的保護會讓弟弟妹妹滋生依賴他的心理，或讓他滋生出統治別人的欲望，但這些無疑全是正面的例子。

以我在歐洲和美洲的經驗所得，問題兒童中老大的比例最大，其次就是最小的孩子。這的確很有趣，他們是家庭構成的兩個極端，然而，目前的教育方式還不能真正解決發生在老大身上的問題。

② 次子

老二在家中的位置非同尋常，這是其他孩子都無法比擬的。他剛一出生，就已經有了一個與他分享父母的孩子，所以與長子相比，他更容易與人合作。如果家中的長子不

壓迫他，他就可以很好地生活。但是在他的生活中有一個極為重要卻不可改變的事實存在——他的生活中始終有一個與之競爭的對象。老大年齡比他大，發育比他早，所以他急需努力追趕。在老二身上我們常常看到這樣的情況，他的生活就像一場競賽，就像有一個領跑者永遠在他前面，他必須奮力追趕一樣。他需要不斷努力，追上甚至超過哥哥。

從《聖經》的許多精彩篇章中我們也可以觀察到心理學的問題，其中的雅各就是典型的老二。他始終想超越哥哥以掃，並取代他的位置。老二總是不甘心居於人後，他一直在努力超越老大。所以老二成功的機會更大，他們往往也比老大更佔有先天的優勢。在此我所說的並不是遺傳的原因，而是由於孩子的不斷努力，促使他進步得很快。以至於他長大之後獨立了，仍然會尋找一個比自己優秀的目標，作為超越的對象。

這些特徵不僅存在於我們清醒時的生活，而是在所有性格行為中都留有痕跡，而且更容易發生在睡夢中。比如，那種從高處跌落的夢境常常發生在老大身上，因為他們雖然處在優於別人的位置上，卻不能保證不會失去。再看老二，他們經常夢見自己與人比賽，比如在參加賽跑、追趕火車、與人比賽騎自行車等。這種匆忙追趕的夢常常給我們以暗示，藉由這些我們很容易猜到，做這種夢的人是家中的老二。

但是我們不得不強調，世間萬物並非一成不變。老大的行為舉止未必都會如此。環境才是起決定性的因素，而不是家庭排行。生活在一個大家庭中的孩子們，較晚出生的孩子也有可能和老大有相似的狀況。也許前兩個出生的孩子年齡差距很小，爾後出生的孩子老三和他們年齡差距較大，然而在老三之後又有其他孩子出生，這樣，老三就可能表現出與老大相似的特徵。在老四和老五之後的某個孩子身上，同樣會出現「老二」的典型表現。如果年齡相近的兩個孩子與其他孩子差別較大，老大和老二的特徵同樣會出現。

如果在與弟弟妹妹的競爭中老大失敗了，那麼他就會走上錯誤的人生路途。但是如果老大成為了弟弟妹妹的領導者，那麼老二就會成為麻煩的製造者。尤其當老大是男孩而老二是女孩時，老大的位子就更加危險了。如果他被女孩打敗了，就會認為失掉了尊嚴。男孩和女孩之間的競爭比同性之間的競爭更激烈。

女孩在這場比拼中好像更受重視。十六歲之前，女孩身心發育都快於男孩。一般情況是哥哥主動放棄，變得懶散萎靡和一蹶不振，例如他用吹牛撒謊等拙劣手段來求勝。此情此景可以斷定，勝者一定非女孩莫屬。我們看到男孩走向歧途，越陷越深，而女孩的問題則輕鬆解決，並昂首前進。如果對危機有所預見，並在危機出現之前及時防範，其實這種情形是可以避免的。在一個人人平等、凝聚力十足的家庭中，如此悲慘的結局很難出現。家中不應有對立，也不應為了某個孩子受到威脅而浪費時間去鉤心鬥角。

③ 老么（最小的孩子）

家庭中除了最小的孩子，其他孩子都可能有弟弟或妹妹，他們的地位也幾乎會受到威脅，但是最小的孩子地位卻是固定的。他沒有弟弟妹妹，卻有很多競爭者。他永遠是

家裡最受寵的孩子。那些因為被慣壞而出現的各種問題都有可能出現在他身上，但是由於他的競爭者最多，受到的鼓勵也最大，所以他常常是家中發育最好、進步最快的孩子。從歷史經驗中我們可以看出，最小的孩子地位往往是一成不變的。在古代的很多事例中我們都發現，很多家中最小的孩子都比他的哥哥姐姐優秀。

在《聖經》故事中，最小的孩子往往都是征服者。約瑟就是被當作家中最小的孩子撫養成人的。雖然在約瑟出生十七年後，便雅憫降生了，但約瑟的成長卻沒有受到絲毫影響。約瑟的人生態度也表現出了典型的最小孩子的特徵。他對自己的優越地位充滿信心，其他人甚至在夢中都向他臣服，他們被他的光芒完全籠罩了。因為大家朝夕相處，哥哥們對約瑟的理想心知肚明，對他們而言，約瑟在夢境中的情感表現很容易理解，所以他們害怕他並想除掉他。約瑟在家中反末為首，後來者居上，以致成了整個家庭的統治者。

家庭支柱經常會是最小的孩子，這一現象絕非偶然。人們對此十分了解，並編了不少故事來盛讚老么的能力強大。顯而易見，老么會得到全家人的幫助，有很多激發他雄心壯志的事物讓他奮力拚搏，而且沒人對他背後攻擊和分散他的注意力，他的處境非常優越。

但是正如前所述，老么排在問題兒童的第二位，主要原因則是家庭的溺愛。一個被寵壞了的孩子總是不能夠自強自立，他們缺失獨自拚搏、爭取成功的勇氣。老么們的志向總是遠大的，但是志向遠大的人卻往往性情懶惰。懶惰是壯志沖天與勇氣不足的混合體：志向過於遠大往往不太現實。老么有時強調自己沒有任何理想，因為他希望自己在任何方面都超過他人，他們不希望自己受到任何約束，自高自大。我們同時也能理解，周圍的人都比他年長，比他強大，比他有閱歷，可見老么背負著巨大的自卑感。

④ 獨生子女

獨生子女也存在特有的問題。他的競爭對手不是兄弟姐妹，而是父親。獨生子女都會得到母親特殊的寵愛，母親怕失去他，想讓他時時刻刻成長在自己的保護之下。因此他們會產生「戀母情結」，他們就像母親的影子一樣，整日和母親相伴，甚至排斥他們的父親。不過，只要父母同心協力，讓孩子的關注力分散在兩個人身上，這種情況將不會發生。但是，一般而言，父親與孩子的聯繫總是少於母親的。獨生子女有時會表現出和老大相似的情形：他希望戰勝父親，而且喜歡與年長者共事。

獨生子女對於是否會有弟弟妹妹出生心生憂慮。如果有人說：「你應該有個小弟弟或小妹妹。」他將十分難過。他希望自己永遠處於焦點位置，他認為這是他應該得到的權利。一旦有人威脅到他的地位，他就感到忍無可忍。若在日後他失去了焦點的位置，各種考驗便隨之而來。如果孩子成長在一個萬事小心、患得患失的家庭中，同樣會對他的成長有所影響。如果父母因為身體條件失去生育能力，我們只能盡力幫他們處理好獨生子女的成長問題。但在具有生育能力的家庭，這種患得患失的情況也會存在。這些父母通常膽小悲觀，沒有勇氣承擔更多子女的經濟負擔，致使家庭氛圍壓抑，孩子為此深受影響。

如果幾個孩子出生的時間間隔較大，那麼獨生子女的特徵在每個孩子身上都會出現，此情況並不理想。經常有人提問：「一個家庭要養育子女，其年齡間隔幾年最好？年齡相差少點好，還是多點好？」我個人認為，間隔三年左右最好。當孩子三歲時再有弟弟、妹妹出生，那他已懂得一些合作精神，也能理解一個家庭不一定只有一個孩子。但他此時如果只有一、兩歲，這個道理就無法講通，他也難以理解我們的意願，我們因此也不能引導他的心理情緒，讓他來面對這個現實。

如果家裡只有一個男孩，其他的是女孩，那麼這個男孩的境遇也很艱難。假如白天父親在外，那他就生活在一個女性的包圍圈中。他眼中所見只有母親、姐妹，或許也有女僕，他發現自己與眾不同，備感孤獨。特別是，當家中女性聯合起來與他為敵時更是如此。她們會認為，要在他成長的過程中施以援手，她們也許會警告他別太自以為是，總之，大量的衝突和競爭總在他們之間出現。更糟糕的情況是他在家中排行居中，那只能兩邊受氣。如果他位居老大，妹妹會緊隨其後，威脅他的地位。如果他是家中老么，那麼就容易成為被寵兒。

在女孩子中間長大的男孩通常不受別人歡迎，如果讓他們學著和其他孩子相處，懂得與他人合作，這種問題就會迎刃而解。否則，長期處在女孩的包圍之中，其言行舉止可能會帶有女孩氣。

女性環境不同於男女混合的環境。我們常常發現這樣的情形，在沒有統一管理的公寓樓中，女孩的房間會被打掃得乾乾淨淨，物品擺放規規矩矩，甚至色彩搭配都相得益彰。但是如果是一群男孩的住處，則會發現髒亂不堪的一幕，那裡有破損的傢俱，雜亂無章的物品，甚至床上堆滿了衣服。但是在女性環境中長大的男孩就會有些女孩傾向，也會有些女孩的習慣和特徵。

同時，這種環境也會讓獨生子心生厭煩，並極力展現自己的男子氣概。他認為自己的個性和優越地位不容侵犯，但也免不了有些害怕。他會堅守態勢，暗中擺脫女性的控制。所以這就形成了他向兩個極端的方面發展，不是變得強大無比，就是軟弱無能。而一個女孩生活在一群男孩中間也會如此，她們不是太過女性化，就是格外男性化，不安和無助常常困擾她的一生。這種情況值得我們研究和調查。再者，這種事情也不會時時發生，所以在尚未深入研究之前，我們切莫妄下定論。

在我對一些成人的案例進行研究時，會從中發現很多童年時期的烙印，並且這些事情會讓他們終生不忘。家庭地位就是其中之一，這是他們永遠無法忘記的。而成長中的困難也大都由家庭關係的僵化和合作精神的缺乏引起。如果我們觀察周圍的環境，考慮一下為什麼我們平時常常看到敵對情緒和競爭現象，我們就會明白，原因是人們都想成為征服者，想超越他人。這種目標的形成和他們童年時期的經歷是分不開的，因為這是由那些在家庭中認為自己受到不公平的待遇而激發的一種情感，想時時超越別人。我們要想讓孩子改掉身上的這種毛病，就要培養他們的合作精神。

第七章
CHAPTER 7

《學校的影響》

學校是對家庭教育的彌補。如果父母對於教育孩子的事宜可以一手包攬，也可以讓孩子形成正確的人生觀、價值觀，並讓他們順利解決人生中的各種難題，那麼學校的存在就沒有任何意義了。

一、教育的變革

學校是對家庭教育的彌補。如果父母對於教育孩子的事宜可以一手包攬，也可以讓孩子形成正確的人生觀、價值觀，並讓他們順利解決人生中的各種難題，那麼學校的存在就沒有任何意義了。古代，家庭承擔著孩子的全部教育工作。工匠的兒子可以從父輩或者祖輩那裡學習技術和經驗。但是，隨著社會的發展，社會對人類的要求越來越高，孩子不僅要學習父母教授的知識，還要學習父母身上沒有的一些事物，這樣不但可以延續父母所授的技術，還能學習更多的人生哲理，這樣才能促進社會的快速發展。

歐洲的學校教育雖然比美國的全面，可以貫穿人生的各個階段，但是其傳統教育的欠缺也有目共睹。最初的歐洲，只有皇室或貴族才可接受學校教育，他們也由此變成尊貴的人，其餘的人只是安安分分地工作，不敢有他求。後來，對社會有益的人範圍越來越大，宗教機構成了教育的主要部門，在這裡，人們可以得到關於神學、藝術、科學和其他專業的培養。

如今，科學的進步，使傳統的教育方式和現實社會不相適應。所以，擴大教育範圍成為勢在必行的事務。以前，村裡的校長也許只是鞋匠或裁縫出身，他們上課手持棍棒，常常體罰學生，但是效果並不佳。那時的學校，只教授宗教、技術和科學方面的知識，甚至國王也目不識丁。但是，工業革命的興起，使社會對人類的要求越來越高，即使工人也需要讀書、寫字、計算、畫圖。也正是從那時開始，現代化的學校才有了雛形。

但是，這些學校的科目都是應政府的要求而設立，培養的學生也主要是為政府服務的人員，並且還需要這些人能征善戰。這就是學校的全部宗旨。我至今還記得這種教育在奧地利出現過一段時間，當時他們會對最底層的民眾進行培訓，目的就是讓他們服從政府的管束、做好自己的本職工作。但是，隨著時間的推移，此模式的缺陷越來越明顯。工人階級逐漸壯大，自由的呼聲越來越響亮，要求也越來越多。所以，學校開始順應這種時代要求，逐步形成了現代的教育模式：孩子應該學會自立，應該多多了解關於文學、科學和藝術方面的知識，長大後能夠為人類的文明和幸福做出自己的貢獻。我們讓孩子接受教育，並不僅僅是讓他求得一份工作或學習謀生的技能，而是要他們為人類的發展做出自己的貢獻。

二、教師的角色

事實上，那些主張教育改革的人都是想尋找一種讓人類合作更加緊密的方法，只是我們不知道而已。比如，性格的培訓就是如此。如果我們懷著這種思想去理解問題，這自然就是順理成章的事了。但是，從總體而言，性格教育的目的和方法並沒有被我們所熟知。這就要求我們的教師不僅要教會孩子們謀生的本領，還要教育孩子有為社會做出貢獻的思想。所以，教師不僅要知道這是一項非常重要的任務，更要好好地去完成。

① 性格培養的重要性

如今，對於性格訓練的方法並沒有成文的規定，所以，還沒有什麼辦法可以很徹底地糾正人性格方面的缺陷。即使是學校這樣系統的教育體系，性格方面的培養成效依然不大。在家庭教育中，孩子們已經形成了自己的性格缺陷，即使上學後受到了訓練和糾正，但是還常常會犯同樣的錯誤。所以，我們唯一的辦法就是提高教師的素質，讓他們盡量幫助孩子在學校裡健康成長。

為此，我走過很多學校進行調查，最終得出結論：維也納的學校在這方面收到的效果較好。在世界其他地方，同樣有很多心理醫生為孩子們看病指導，可是如果他們的觀點並不被教師所接受，更不知道實施辦法，效果又從何談起呢？心理醫生在為孩子治病的時候，會時常和他們見面，比如兩、三天見一次，甚至每天見一次，可是他們並不了解孩子在家裡和學校的生活環境，所以效果並不顯著。心理醫生開出一個方子，要孩子加強營養，或者去做甲狀腺的治療。也許醫生還會給老師以暗示，說這個孩子需要特殊的治療，但是教師並不知道其中的原因，也不知道怎麼做是對的。這時，只有老師真正了解孩子的性格，才會給予他們幫助。所以，心理醫生和教師的配合至關重要。教師只有清楚地了解心理醫生的目的，並真正了解孩子的病情，才可以幫助他們治療。即使出現了什麼意外情況，老師也不至於手忙腳亂、不知所措。要想做到這樣，最實用的辦法就是像維也納那樣成立各種諮詢中心。具體的實施方法我將在後面進行詳細論述。

一個剛剛踏入校門的孩子，會面臨全新的生活考驗，他成長過程中的種種缺點會在本次考驗下曝露無遺。他需要在這個更為廣闊的領域中與人合作。如果他在家中已經慣了被人寵愛，那麼他必定不想離開家人的呵護而去和其他孩子享受平等的地位。所以，我們會發現，那些剛剛步入學校的孩子幾乎沒有社會責任感。他很可能大哭大鬧，想回到父母身邊。他對讀書和老師沒有任何興趣，他不想聽老師的話，因為他只想以自我為中心。我們可想而知，他如果一直維持這種唯我獨尊的狀態，學習成績一定不佳。我常常聽到父母這樣說：自己的孩子在家裡原本好好的，可是一進學校就會變得很調皮難纏，於是各種問題紛然而至。我想，這個孩子在家中的地位一定很高，而家中沒有什麼約束和考核，所以他的問題一般不會顯現出來；步入學校後，不再有他人的寵愛，所以他就會覺得自己成了失敗者。

有這樣一個孩子，他自從第一天入校，就對讀書沒有任何興趣，並且總是嘲笑老師說過的話，這樣不得不讓老師感覺他是一個問題兒童。我曾問他：「你為什麼總是嘲笑老師所說的話呢？」

他說：「父母把孩子送到學校就是被人戲弄的，學校會把我們教成傻瓜的。」

因為他在家中常常遭受別人的耍弄，所以進入學校後他依然覺得別人在戲弄他。我說，他過於看重自尊的力量，沒有人整天想捉弄他。後來，在我的指導下，他開始喜歡讀書，成績也開始上升。

②師生關係

教師不但要教授知識，更要發現孩子的問題，並且還要幫孩子的家長糾正錯誤。有的孩子因為在家裡已經學會了關注他人，所以在進入學校後他們會很容易適應這種環境。當然，還有那些沒有任何準備就被迫接受新環境的孩子，這時他們就會表現出畏縮不前的狀態。他們的反應和動作很遲緩，但這絕非智力問題，他們不知如何去做的原因是根本不知道怎樣去適應社會，不知道怎樣去與人交往。這時，就需要老師對他們進行幫助，盡快讓他們融入新的環境。

那麼，老師需要怎樣去幫助他們呢？首先是把自己當成一個母親，與孩子們親密相處，吸引孩子的注意力。孩子對於他首先接觸的人的興趣大小，會決定他今後改善的好壞程度。訓斥和懲罰是絕對不可以用的，因為不會產生任何作用。如果對一個不想融入學校環境的孩子進行訓斥和懲罰，就會給孩子一種錯覺：我想的沒錯，學校果然是令人討厭的地方。以我所見，如果我在學校常常受到老師的懲罰和訓斥，肯定不會再願意和老師碰面，也會盡力讓自己逃脫這種環境，不受學校的束縛。

那些蹺課、調皮、成績差、看似愚笨的孩子們討厭學校的原因多數是人為造成的。他們並非天生愚笨，因為在編造翹課理由和模仿家長筆跡方面，他們總是比別人略高一籌，然而在學校幾乎沒有人肯定他們的優點。走出校園，他們就會和其他翹課的孩子混在一起，在這裡他得到的讚揚總是多於在學校的。所以，和他們在一起，他會有一種成就感，認為能夠顯現自己價值的地方不是學校，而是在他們這個群體中。從中我們就了解，那些在班裡被人看成另類的孩子為什麼總是容易被犯罪份子誘騙。

③引發孩子的學習興趣

老師若想吸引孩子的注意力，就要知道這個孩子以前對什麼感興趣，並且要告訴他，不管是在以前感興趣的方面還是其他方面，他都能獲得很好的成就。如果孩子對某一件事充滿了自信，那麼對其他事物同樣會有信心。所以，我們需要知道這個孩子最初認知世界的方式，是什麼吸引了他們的注意力，以及他們的優勢所在。有的孩子喜歡觀察，有的喜歡聆聽，有的則極為好動。視覺型的孩子會對那些運用眼睛的方面感興趣，比如地理或繪畫。但是如果他們沒有機會在視覺方面發揮作用，接受知識就會很慢。比如，他們總是不能集中精力聽老師講課。這時，他們就有可能被認為是因為遺傳因素造成的智力有問題或者天分不佳。

在這一問題上，家長和老師當然是有責任的，因為他們根本不知道孩子的興趣所在，更別說正確地引導了。在此，我並不是說要對孩子的早期教育進行特殊培訓，但是我們可以根據他們的興趣，培養他們對其他方面的興趣。現在，有一些學校開始採用激發多種感官的授課方式。比如，將繪畫和模型相結合，這種教學方法應該大力推崇。其實，我們應該將課程放在社會大背景下去教授，這樣可以幫助孩子懂得課程的實用價值和學習的目的。有的人常常這樣問：我們讓孩子記住事實重要，還是培養他們獨立思考的能力重要？其實，這兩者並不能分開來看，他們是有機結合的整體。比如，在教授數學的時候和蓋房子的事實結合在一起，讓孩子去計算用木材的數量、住人的數量等，這樣對教育孩子有很大益處。

在教學過程中，我們常結合多學科進行分析，還會將教學內容和日常生活中的事物聯繫在一起。比如，老師和孩子在一起散步，在路上幫他們認識各種植物的名稱、結構、用處、習性，氣候對它們的影響，景觀的物理特徵，農業的歷史等，從而找到孩子的興趣所在。當然，前提條件是老師對孩子的愛心是真誠的，否則一切將無從談起，更別提教育了。

三、課堂裡的合作與競爭

在現行的教育模式下，我們常常發現，孩子在剛剛進入學校之時，心理上對於競爭的準備遠遠比合作的準備充足。這種競爭的思想在孩子上學的全過程都會存在。這並不是一個好的現象，如果那些優秀的孩子超過了其他孩子，並不能代表他就比那些成績不佳的孩子痛苦少。這都是由他們個人的自私心理造成的。他們的目的並不是合作和貢獻，而是獲得自己的利益。比如，家庭是一個整體，成員之間也是平等的關係，在學校中的學生也同樣應該是平等的關係。如果讓孩子認識到這一點，他們才可能互相合作，互相幫助。

我曾遇到過的很多問題兒童，後來經過與同學的合作，改變了自己的人生態度。在此，我將舉一個特殊的例子：

一個孩子在家中並不被寵愛，所以他覺得人人與之相對；當進入學校後，他依然有這樣的想法，認為沒有人對他友好。因為成績差，他在家裡常常受到父母的訓斥，其實這是極為常見的事情。在學校考試的分數很低，受到老師的責罵；回家後，又會招來父母的斥責。其實只一次責罵就已經夠受的了，何況兩次呢？由此，孩子開始變得絕望，開始在班裡調皮，致使成績越來越差。後來，他遇到了一位老師，這位老師很了解他的處境，於是給予了他很大的幫助。老師向所有的同學們解釋了他認為所有同學都對他不友善的原因。所以，同學們開始主動接近他，讓他感受到了他們的善意和溫暖。最後，這個孩子在成績上和行為上都有了極大的進步。

有的人可能懷疑孩子們是不是真的可以理解並幫助他人，但是我卻認為，孩子們比長輩更能理解他們同齡人的心情。我曾有過這樣一家人的案例，一個母親帶著一個三歲的男孩和一個兩歲的女孩。女孩爬上了桌子，媽媽嚇得不敢動彈，顫抖著聲音說：「快點下來！」可是，女孩沒有任何反應。這時，小男孩上前說道：「站在那裡，不要亂動！」結果女孩卻主動爬了下來。因為孩子更能理解自己需要的是什麼，這種要求是不為長輩所知的。

讓學生自行管理班級，是培養合作精神的一個良好的方法，當然，這種行為要在老師的監督和指導下進行，千萬不能出什麼大事，並且我們還要肯定孩子們有自行管理的能力。否則，孩子們將認為這是一種遊戲，行事過於隨意，這樣就會造成他們比老師更厲害，或者利用職權攻擊別人，讓自己高人一等。結果適得其反。

一般情況下，我們總是用各種各樣的測試來測定孩子的智商、性格和社交能力。我們不得不承認，有些測試對孩子們的確有利。比如，一個男孩的讀書成績很差，老師想讓他留級，最後藉由測試發現他並不是智力低下的孩子，所以又讓他繼續升級。我們應該明白，孩子潛力的大小是無法預測出來的。智商只能表示這個孩子有無問題，並幫助他盡快解決。以我之見，只要不是智力特別低下，在測驗中只要懂得了做題技巧，結果就會有所改變。我發現，在智力測驗類的題中，孩子們總能很輕易地找到其中的規律，增加答題經驗，這樣他們所測出的智商當然很高。總之，智商的測試和孩子未來的潛力是沒有根本聯繫的，這既不是天生就有的，也不是一生不變的。

對於測試的結果，是不應該讓孩子或其父母得知的。因為他們並不了解測試的最終目的，會誤認為這一結果極具代表性。教育中的最大問題不是孩子行為上的限制，而是思想中的限制。如果孩子知道了自己智商測試的結果很低，就會越來越失望，就會以為自己永遠不會有大的成就。在教育過程中，我們應該讓孩子增加對自己的興趣和自信，並消除他心中給自己的束縛。

其實，成績單同樣應該如此。老師將成績單交到成績不好的學生手中時，他們也許會覺得孩子們會以此來激勵自己。可是，在那些父母很嚴厲的家庭中，成績不好的學生是很懼怕成績單的，他們拿到成績單會妄加塗改或者不敢回家，甚至產生極端的想法，比如自殺。所以，老師雖然不能去干涉學生的家庭生活，但是這些是他們必須想到的結果。

對於那些對孩子寄予厚望的家長來說，一張很差的成績單就可能讓他們暴跳如雷。

如果老師可以寬容一點，也許就是對孩子的最大鼓舞，以後可能會有不錯的成績。一個考試成績常常不盡如人意的孩子，會被人們公認為差生（成績不好的學生），那麼他自己也會失去自信，並且認為自己永遠不會優秀。但事實上，即使最差的孩子也有進步的可能，很多卓越的人才並非從始至終學習優秀。這些事例告訴我們：即使是學校中的差生，只要擁有自信，同樣可以獲得巨大的成功。

我發現了一個很奇怪的現象：不用成績單的幫助，孩子們就可以準確地對其他孩子的能力進行測定。他們知道誰的特長是算術，誰的特長是繪畫，誰的特長是體育等，並且知道他們的成績如何。但是，我們常常錯誤地認為這種成績是固定不變的，遇到那些成績很好的人，我們就覺得自己遠比不上他。如果孩子的腦海中一直有這種思想存在，那麼他就注定一生不會有所作為。長大成人後，他仍然覺得自己不如他人，並極力尋找自己與他人之間的差距。

在學校裡常常有這樣一種現象，優等生、中等生和劣等生的成績、名次總是在自己的範圍內徘徊不變。其實這並不是什麼天生遺傳的因素所致，而是因為他們的思想束縛了自己的能力，他們以為自己就是這樣的人，永不能進步，也永不會後退。我們也會看到這種情況，即原來成績差的學生會在一段時間內突然間躍入優等生的行列。所以，我們應該讓孩子明白，是自己的思想束縛了自己的發展，老師和孩子都不應該拿這句話來作為理由：遺傳決定著一個人的智力和能力。

四、先天因素與後天培養

遺傳決定成長的迷信觀點，是教育領域的各種錯誤中危害最大的。父母或老師會常常以此為藉口推卸自己的責任，他們認為一切都是遺傳的原因，自己對孩子的成長和發展可以不負任何責任。我們應該極力反對這種逃避責任的行為，如果遺傳決定著人的智力和能力，那麼在學生時期的成績較差的學生注定以後也不會有所作為，但事實並非如此。所以，老師或父母應該知道自己在孩子的成長過程中所產生的巨大作用，不能逃避責任、對孩子不聞不問。

在此我說的遺傳，並不包括身體缺陷的遺傳。因為個體心理學所研究的只是大腦發育的遺傳問題，身體有缺陷的孩子注定在行動上會受到一些限制，所以他們的思想也會有所顧慮。其實，身體的缺陷並不會影響智力的發展，只會影響到他們對殘疾和身體發育的看法。所以，當一個孩子在身體上有缺陷的時候，我們一定要讓他知道這並不會影響其智力和能力的發展，這一點極其重要。之前我已經提到，身體的殘疾可能會成為激發他潛能的巨大動力，也可能會成為阻礙他發展的最大障礙。

我首次將這一觀點公之於眾的時候，遭到了很多人的攻擊，他們說這是我的一己之見，沒有任何科學依據，也不符合客觀事實。然而，這是我親身體驗得出的結論，並且這種結論的正確性已被逐漸證實。如今很多精神病專家和心理學專家也對此持肯定的態度，且摒棄了流傳了幾千年的遺傳學觀點。人們在推脫自己的責任和用宿命論解釋人類的行為時，遺傳論的觀點便會被引出。他們認為孩子的善惡在出生的那一刻就已經決定了。這純屬謬論，只不過是人們為了逃避責任的一種藉口而已。

事實上，「善」與「惡」與其他性格一樣，都是在特定環境下產生的。他們是人類在特定的環境中相互產生的結果，其實這是對另一種行為的判斷：此人的行為是「為他人著想」，還是「只為自己著想」。孩子在剛剛出生的時候，根本沒有這方面的意識。在出生後，他有選擇發展方向的潛能，而且在以後成長的過程中周圍的環境和人生的態度會對他的選擇產生很大的作用，促使他選擇怎樣的方法，而教育在其中具有很大的影響。

智力的遺傳亦是如此。我們已經知道，興趣是影響智力發展的最大因素，然而影響興趣的因素並非遺傳，而是缺乏自信和害怕失敗。可以肯定，大腦的結構是由遺傳而來的，可是它不是思考產生的源頭，而是一種思考的工具。如今看來，大腦的缺陷並非無法改變，藉由適當的訓練我們完全可以得到彌補。傑出之人才所具有的並非超出常人的基因，而是永不停歇的興趣和努力。

即使有的家庭中祖祖輩輩都會產生傑出的人物，但仍不能將其原因歸於遺傳。這是家庭中的人員互相激勵的結果，也許家庭的傳統使孩子具有了繼承前人業績的思想，在實踐中他們也會不斷培養自己的能力。我們都知道「有機化學之父」李比希的父親曾是藥店的老闆，當然我們也不能說李比希的化學才能是遺傳父親所致。經過進一步研究，我們會發現，他的愛好完全源於對周圍環境的濃厚興趣，在同齡的孩子對化學還一無所知時，他已經對此異常熟悉了。

雖然莫札特的父母異常喜歡音樂，但他的音樂成就也並非遺傳所致。因為他的父母希望他獲得音樂方面的成就，給予了他很多鼓勵，所以良好的音樂環境是他獲得成就的基礎。在眾多傑出人物身上，我們都發現了「起步較早」的現象。在四、五歲的時候他們就開始彈鋼琴，在很小的時候就將家中的事寫成故事。他們的興趣會一直保持，他們接受的訓練也是自然而廣泛的，他們信心十足且異常堅定。

孩子們都會將自己的能力限制在某一個範圍之內，如果老師認為這是無法改變的，他們就不會幫孩子發展。如果老師說一句「你沒有數學天賦」，這樣極其簡單的一句話就可能使孩子失去信心。我曾親身經歷過這樣的事情：

在學校裡的很多年間，我都是數學很差的一名學生，我也確定自己在數學方面沒有任何天賦。但是，有一天，我將老師都不會解答的一道題，完整地做完，這一次讓我完全改變了之前的態度。我開始由厭惡數學變成喜歡數學，並且一直在尋找提高數學成績的每一個機會。後來，我的數學成績在學校裡開始名列前茅。所以，我的親身經歷推翻了所有特殊天才論和先天能力論的錯誤觀點。

五、個性發展

知道怎樣了解孩子的人，可以很輕鬆地辨別孩子的不同性格和對待人生的態度。從一個孩子的行為、姿勢、觀察方式、聆聽方式、與其他孩子的距離、交友的態度、受關注的程度、注意力等方面，可以知道這個孩子的合作能力如何。一個常常將作業本或課本亂扔亂放的孩子，必定對讀書沒有興趣，這就需要我們找出他們不愛讀書的原因。一個不愛和同學一起玩耍的孩子，內心一定是孤單和自私的。在寫作業時總是尋求幫助的孩子，獨立性欠佳，他們時時都想得到別人的支援和幫助。

有些孩子只有在讚美和表揚下才會去做作業。很多被家人過於寵愛的孩子只有得到老師的關注，才會好好學習；如果老師忽略了他，問題就會立刻出現。他們在不受關注之時，會失去任何興趣和信心。這樣的孩子在數學方面常常表現不好，他們往往對公式和規則記得很熟練，可一旦運用，就有些不知所為了。

孩子總是乞求家長的幫助和支持，看起來並不是什麼大錯，可是對他們以後的生活卻有著巨大的危害。如果他們的這種行為一直持續，長大後也定會一直乞求他人的幫助和支持。只要遇到人生的難題，他們首先想到的便是別人。這樣的人不會對社會有所貢獻，反而會成為社會和同伴的負擔。

還有另外一種孩子，他們時時想贏得別人的關注，一旦被人忽略，他們就會以惡作劇、調皮搗蛋、帶壞其他孩子、讓大家厭惡的方式達到目的。訓斥和懲罰對這樣的人來說沒有任何作用，還會適得其反。他們寧願被懲罰，也不想被忽略。他們的惡劣行為只不過想換來別人的關注。很多孩子將懲罰看成一種挑戰或比賽，在這種比賽中他們會和你對峙，看誰持續的時間更長。最後，勝利的人常常是他們，因為他們掌控著事情的結果。這樣的孩子在遇到父母和老師的訓斥時，並不是表現出愁眉苦臉的表情，而是笑臉相對。

懶惰的孩子，除非他們讓自己懶惰是為了對抗自己的老師或父母，否則他定是有遠大志向但是害怕受挫的孩子。每個人對於成功的定義不盡相同，當我們遇到一個將任何事都看成失敗的孩子時，定會感到吃驚。有人認為，只要不能超過所有人，就是一種失敗。懶惰的孩子根本就不知道什麼是真正的失敗，因為他們沒有接受過任何真正的考驗，他們總是處處逃避困難，並且很難決定是不是應該與人一決高下。別人會想：如果這個孩子不是因為懶惰，可能會克服一切困難的。而這正好也為他自己找到了躲避問題的理由，他們會說：「如果我努力去做，什麼事都可以做成。」但是當遭遇失敗，他們又會找到新的理由：「並非我沒有能力，只不過是有些懶而已。」以此來贏得自尊。

有時，老師會對那些懶惰的學生說：「其實你很聰明，只要你勤奮一些定會成為班裡最好的學生。」這樣的評語無疑是對他的一種肯定，他也會因此贏得同學們的關注和羨慕。那麼，既然不努力也可以贏得別人的讚揚，還要努力做什麼呢？也許在他變得不再懶惰的時候，人們就會明白他並不是什麼「身懷絕技」之人。此時，別人再不會認為他是有能力的，只是出於懶惰不想發揮而已，而是開始根據他的成績評判此人的成就。懶惰的孩子還有一點好處：即使獲得一點小小的成功，也會得到別人的稱讚。人人都希望這些讚揚成為激勵他們獲得更大成功的動力，所以不住地給予他們誇獎，但是如果同樣的成就發生在勤奮的孩子身上，也許並沒有人會在意。所以，懶惰的孩子就這樣在別人的期待中生活。他們從小就形成依靠他人的習慣。

還有一種孩子容易引起我們的注意，那就是在孩子中間總是充當領導角色的人。人類無論何時都不能沒有帶頭的領導，但是真正需要的是那種顧全大局的領導，然而這樣的人卻不多。喜歡領導同伴的孩子們只是喜歡那種領導別人、駕馭別人的情境，只有在這種情況下，他才會參與其中。所以，這類孩子的未來並不令人樂觀。在以後的生活中他們會遇到各種各樣的煩心事。如果同是這種性格的人走到一起，不管是結婚、經商或是交友，其結果不是悲劇就是鬧劇。他們都想控制對方，讓自己成為對方的領導人。有時，一個孩子總是以上級的身分指派家人做這做那的時候，人們總是覺得很好玩，並任其發展下去。可是，我們很快就會發現，這種做法對培養良好的性格並無益處，也不利於他們融入社會。

當然，孩子們性格各異，類型眾多，我們不可將他們拘於一種類型或者模式。我們要做的是，盡量幫他們糾正有可能導致失敗或錯誤的壞毛病，這種毛病在童年時期比較容易改掉。如果任其發展，等孩子長大成人後定會對他們造成極為不利的影響。童年時期的毛病和成人之後的失敗有著不可忽視的聯繫，因為那些精神官能症、酗酒者、犯人或自殺者，大都是沒有合作精神的孩子。

焦慮性精神官能症的孩子會害怕黑暗、陌生人和新環境。憂鬱症的病人在兒時總是愛哭鬧。在現實環境中，我們無法做到到每一位父母身邊幫他們糾正錯誤，尤其是那些最需要得到建議卻從不接受諮詢的人。但是我們卻可以走近老師，讓他們防止孩子犯錯或對孩子已有的錯誤進行糾正，同時，讓他們成為獨立自主、富有激情、樂於合作的人。這也是謀求人類幸福的最大保障。

六、對教學工作的觀察

如果班級很大，裡面會有很多不同類型的孩子，這對於我們了解他們的性格更加有利。但是也有其不利之處：有些孩子的問題被隱藏起來，所以更加難以找到合理的解決方法。這就要求我們的老師對每一個學生的性格更加熟識，否則根本無法培養他們的合作互助精神。我個人認為，在幾年之內孩子都跟隨一個老師，對孩子是極為有利的。有些學校，一個學期就要更換一次老師，這樣就使得老師無法真正融入到孩子中間，也不能發現孩子身上的問題，糾正錯誤就更無從談起了，這樣對孩子的成長極為不利。如果在三、四年的時間裡孩子們都跟隨一個老師，那麼老師就可以糾正他們的錯誤並幫助他們培養正確的人生態度，這樣的班級也會更加團結。

一般來說，跳級並不是一個好現象，這樣會將更多超出現實的願望壓在孩子身上。如果班裡的某位同學年齡長於他人或者智力發展較快，我們往往想到讓他跳級。可是，如果這個班級原本很團結，這個突出優秀的孩子就會對帶動其他孩子有很大的益處，也會讓其他孩子突飛猛進地發展。但是，如果將這個孩子調離班級，顯然對班裡的其他孩子並不公平。我想建議這些出類拔萃的孩子課外去參加一些其他的培訓，比如畫畫等。他在這些方面獲得成就的話也會帶動其他孩子在這方面的興趣，從而激勵他們發展前進。

可是最壞的情形還是留級。所有老師都這樣認為：留級的孩子在家中或學校都是問題兒童。也許這並不是絕對的。因為有些在班裡安安靜靜地待著、不會製造出任何麻煩的孩子也會留級。但是絕大多數並不是這樣的，他們是班裡最調皮難管的孩子，且成績很差。他們被同學們輕視，自己對自己也沒有信心。雖然這種方法是有害無益的，但是目前我們的很多學校都存在這種現象，可見這一問題並不容易解決。如果想幫助這些孩子，唯一的辦法是，藉假期時間，老師幫助這些孩子找到他們形成錯誤人生態度的原因，並幫助他們改正。如果這些孩子認識到了自己的錯誤所在，也許會加以改正，然後在下一個學期好好學習，讓自己的成績追上去，並快速前進。

不管在哪兒，只要我看到人們根據智力將孩子分成優等生、劣等生，我就會想到一種情形。這是我在歐洲看到的一種情況，不知道美國是否存在。在後段班中，聚集的全是智力低下的孩子和窮人的孩子；而在前段班中，主要是有錢人家的孩子。這樣的分配顯然並不公平。窮人的孩子學前教育環境原本就比不上富人的孩子，因為他們的父母沒有時間去教他們，甚至父母基本沒有受過教育，又何談教育孩子。

在我看來，學前教育欠缺的孩子被分到後段班顯然並不合適。因為一個合格的教師完全知道該如何彌補學前教育的缺失——讓這些孩子和那些受過良好教育的孩子在一起。如果將這些孩子分到後段班，結果我們可想而知——前段班的孩子會鄙視他們，這樣就會讓他們越來越失落，也會讓他們的人生態度變得扭曲。

其實，學校教育中還有一個不可忽視的方面：性教育。這是一個很複雜的問題。老師不能在課堂上對學生堂而皇之地提及這一問題，因為這樣並不能保證所有的孩子都能正確地理解到他的意思。這樣做，也許會引起孩子們的興趣，但是並不知道他們是否已經準備好接受這方面的知識，也不會知道孩子會不會將這些只是與自己的人生態度相聯繫。如果孩子想知道更多關於性方面的知識，老師應該直言不諱地回答，這樣就會知道孩子想要的是什麼，也就可以為孩子指出正確的方向。當然，如果在課堂上反覆強調這個問題，會產生很多不利的方面；如果過於忽視，又會讓孩子們誤以為性是不值得關注的，也是沒有益處的。

第八章
CHAPTER 8

《青春期的引導》

青春期對每個孩子而言，最主要的就是證明自己已經長大。如果我們真正能夠使他相信這是水到渠成之事，就可以減輕其很多壓力。

一、青春期的特點

有關青春期的書籍被圖書館大量收藏，且幾乎所有的書籍都認為青春期是形成個人性格的關鍵時期。青春期的確有一些危險存在，但是如果說這種危險可以改變人的性格則根據不足。孩子在青春期的成長中要面對新環境，迎接新問題，生活好像離自己越來越近，一直隱藏的錯誤人生態度也逐漸曝露。雖然在之前這些錯誤也會被經驗豐富的人看穿，然而，隨著青春期來臨，錯誤會更加明顯，此時就再不能視若無睹了。

①心理方面的特徵

青春期對每個孩子而言，最主要的就是證明自己已經長大。如果我們真正能夠使他相信這是水到渠成之事，就可以減輕其很多壓力。如果非要迫切證明自己的成熟，他們就會不可避免地將自己的意圖強烈地表現出來。

青春期的孩子常常表現出一些不同的行為——想自立、與成人平等的性格、成熟的氣質。他們的這種行為往往是由於他們對「長大」的理解決定的。如果在他們心中「長大」就是不受約束，他們就會為所欲為。並且這是青春期的一個常見現象。還有很多孩子還會學著抽菸、喝酒、罵人或夜不歸宿。有的人會與父母為敵，致使父母對自己一向順從的孩子感到疑惑。其實並非孩子對父母有了另一種態度，而是在孩子心中一直在和父母做對，只是在他們有對抗能力的時候才表現出來。平時經常被父親訓斥和打罵的男孩，看似很順從，其實內心一直在叛逆，他正在等待報復的機會，等到他以為自己有能力對抗的時候，就會公然與父親做對，甚至離家出走。

一般來說，青春期的孩子會獲得更大的自由。父母會認為他們已經長大，不再過分管束。如果父母繼續強制管理，他們就會設法脫離控制。父母想讓孩子知道他們還小，可是孩子卻一再表明自己已經長大。這樣就會讓孩子形成一種叛逆心理，即我們所說的「青春期反叛」。

② 身體方面的特徵

青春期的時間跨度我們尚無法嚴格界定，大多數孩子是從十四歲左右開始，一直到二十歲，然而也有少數是從十一、二歲就開始了。此時，孩子的身體會有較大的變化，也可能導致發育的不諧調。比如，他們的身體和手腳都比之前要大，身體不再機靈。這時就需要他們增加運動量，讓其更加諧調。在這一過程中，如果他們受到了別人的嘲笑或指責，就會認為自己是一個天生笨拙的人。如果一個孩子因為動作僵硬被人恥笑，就會變得笨手笨腳。

在孩子的發育過程中，內分泌腺的作用也不可忽視，雖然這種內分泌腺在嬰兒時期就已經具有，但是進入青春期後，它們開始變得異常活躍，分泌越來越多，從而帶動了第二特徵出現：男孩長出鬍鬚，聲音變粗；女孩變得豐滿，更接近成熟女性。可是這些事往往讓孩子們不安和恐懼。

二、自我挑戰

如果孩子還沒有做好準備應對成年生活的到來，當遇到友情、愛情和事業的問題時，他們就會變得不知所措。他們認為自己根本無法解決這些問題，於是變得膽小怕事，不敢面對，只想獨自緊閉。在工作方面，他會認為自己不會有任何成就，因為他對任何事都不感興趣。在愛情和婚姻上，他會害怕與異性相處甚至相見。在與人交談時，他們會臉紅，說話結巴，不能流利表達自己的意思。所以，他就會日漸絕望。

這種人屬於極端案例中的一種，他們面對人生的問題時根本無法應對，他們的行為也不會被眾人所理解。他不看別人，不與人交談，也不聽別人的談話；他不工作，不學習；只想隱退到一個自己想像的理想社會中，做一些令人作嘔的自慰行為。這是精神分裂症的一個症狀，但是這也只是一個錯誤。如果這時我們指出他的錯誤之處，並對他進行鼓勵，讓他走上正確的道路，他的病就會痊癒。但是，這個問題並不容易解決，因為我們必須以科學的視角去分析他的過去、現在和未來，必須把他成長過程中的所有問題一一改正。

青春期問題的出現，都是因為在人生的三大問題上沒有得到很好的培訓。如果孩子對未來沒有自信，必定會選擇最便捷簡單的方法。但是，這些方法往往無法取得良好的效果。此時，如果我們採用批評、施壓或警告的方法，他就越會覺得自己不能自拔。我們越想讓他前進，他們就越向後退。此時除了鼓勵之外，任何方法都是不發生作用的，甚至還會有相反的效果。他們失望、悲觀和恐懼的心靈注定他們無法自己獨立向上發展。

三、青春期問題

① 被溺愛的孩子

據我所知，在家中被寵壞的孩子，青春期的問題會越發嚴重。這一點我們很容易理解：那些事事由父母承擔的孩子，很難獨自肩負起成人的責任。不管在哪裡，他都想成為眾人的焦點，但是隨著慢慢長大，他們就會感覺到自己不再是受人關注的對象，所以他們覺得被生活所欺騙，讓他們變得如此慘敗。他們在自己內心的溫馨世界中成長，認為周圍的世界都是冷漠無情的。

② 沉溺於童年

在這一時期，有些人仍沉溺於幼年的幻想之中，他們會裝嫩扮稚，用兒童腔調說話，甚至和更小的孩子玩耍。但多數人還是想讓自己的言行舉止表現出成人的風範。如果沒有足夠的勇氣，他們就會亦步亦趨地模仿大人：如學那些多金男人揮霍奢侈，並且開始招蜂引蝶，喜歡製造各種風流韻事。

③ 輕微犯罪

在那些不易處理的案件中，常常出現這種情況：當一個孩子還沒弄懂怎樣處理生活中的問題時，就開始肆意而為，從而導致了犯罪。這可能是因為他們所做的某些壞事沒有被發現，並且認為自己聰明到不會讓別人發現。在出現生活問題時，尤其是在經濟拮据之時，他們往往會產生犯罪的念頭或行為，這是他們逃避生活的唯一捷徑。所以，少年犯罪都是處在青春發育期的孩子。此時，我們看到的並不是一個新的問題，而是在較大的壓力下，積聚在兒童時期的某種激流被激發出來。

④ 精神官能症

那些不愛交際、比較內向的孩子，容易患上精神官能症，這樣的人總是自我感覺良好，並且為自己的種種作為尋找各種各樣的理由，這同樣是他們逃避生活的一種方法。很多孩子在青春期的時候表現出了精神官能症或精神失常的一些症狀。當一個人在社會中遇上了麻煩卻沒有辦法解決的時候，就會患上精神官能症，從而導致精神方面產生巨大壓力。這種壓力在青春期會異常敏感，它會刺激所有的器官，也會影響所有的神經。這種身體的不適就自然而然地成為了那些病人的藉口。所以，這種人常常在心中認為，因為自己身體欠佳，就可以不對任何事負責。這樣就將精神官能症的症狀全部表現了出來。

那些精神官能症病人總是說自己想做好每一件事，說自己願意承擔人生的責任，說自己可以面對人生中的各種問題。可是一旦問題擺在面前，他們就會將自己之前的想法一推了之，轉而拿病情作為搪塞的理由。這樣就好像在告訴別人：「我想解決生活中的問題，但是很無奈，我有心無力。」在這一點上，它和罪犯大大相反。罪犯是將自己的惡意統統曝露，也沒有責任感的認識。可是，我們很難區分到底哪種人最無法感受到人生的幸福：精神官能症患者，他們的思想不壞，可是行為惡劣，不為他人著想，且不願與人合作；罪犯，思想惡劣，但是還稍微有些責任感，並且精神受它的痛苦折磨。

精神官能症患者自稱做事情想精益求精，同時明白需要擔負社會責任以及正視人生問題。但一旦問題降臨，這一人生準則立刻被他們拋至九霄雲外，而精神官能症，正是他們的救命稻草。他的人生態度好像是：「我也想全力以赴解決問題，但不幸我實在無能為力。」這一點他不同於罪犯。罪犯通常惡意盡露，對社會責任麻木不仁。因此難以判定，最危及人類幸福的，到底是哪種情況：精神官能症患者往往意圖好但行為惡劣自私，從而妨礙與他人的合作；而罪犯，雖然對他人充滿敵意，依稀殘存的社會責任感卻在痛苦中壓抑。

⑤ 與預期相悖

當孩子進入青春發育期，我們常常會發現有一些事情開始朝著相反的方向發展。很多以前功課很好的孩子成績開始下降，那些資質平平的孩子學習成績反而開始超過他們，且產生讓人意想不到的效果。其實這種現象並非與之前大大相反。也許那些功課不錯的孩子在進入青春期後開始害怕自己的學業不如別人，這時如果有別人的肯定和讚揚，他們就仍可以繼續維持好的成績，但是如果讓他自己擔起讀書的重任，他們就會變得畏畏縮縮，勇氣不足。有的孩子則因為青春期的自由變得信心十足，他們憧憬著一條美好的大道，通向光明的未來，他們的腦海中總是浮現出新的想法和計畫。他們有了更強的創造力，對各方面的感覺也更加敏感，對事物充滿了熱情。這些孩子是堅毅勇敢的，他們並不畏懼自立帶來的困難和風險，他們會在困難面前創造更多的機會和成就。

⑥渴望讚賞與認同

那些在家中自認為被人忽視的孩子，如果與人建立了友誼，就非常希望得到別人的稱讚。他們會不斷尋求這種稱讚。如果男孩子表現出這種情形，將是很危險的。如果是女孩，她們會失去自信，在她們看來，只有得到別人的稱讚才能表現出自己的價值，她們很容易對那些大獻殷勤的男人投懷送抱。我見過很多這樣的事例，有些女孩在家中不受父母的寵愛，往往很早就有了性行為，這樣做不僅表示自己已經長大，更表現了她們的愛慕虛榮，她認為這樣可以贏得別人的關注和讚許。

有這樣一個女孩，出生在一個貧苦的家庭中。她有一個經常生病的哥哥，所以，母親的心思大半都放在哥哥身上，在無意中就對她有些忽視。更為不幸的是，在她童年時期，父親也得了病，這樣母親就更沒有時間去照顧她了。

所以，這個女孩一直在尋求一種被人呵護的感覺，因為在家裡她從沒有享受過這種待遇。後來，她父親的病總算好了，可是母親又生下了一個妹妹，因此，妹妹自然而然就成了母親的焦點。所以，在這個女孩看來，她是家裡最不受關注的人。但是她卻一直做得很好，不管在家還是在學校。因為成績優異，家人順理成章地一直讓她繼續著學業，於是將她送入了高中。高中的老師並不知道她的情況，她也因適應不了新學校的教學方法，成績開始一路下滑。所以，老師的批評也就在所難免，於是她變得很失落。她想得到別人的讚揚，可是不管在家裡還是學校，沒有人去讚揚她，她又有什麼希望呢？

於是，她開始尋找喜歡自己的男人。在與一個男人相處了幾次之後，她就離開了家，和男人過起了同居的生活。在和男人同居的兩週時間裡，她的家人異常焦急，一直在找她。結果正如我們所想的，她沒有得到應有的尊重，於是她開始懊悔自己陷入了這樣一段感情中。

後來，她想到了自殺，於是，她給家裡寄去了一封信，寫道：「我已經吃了毒藥，但是你們不用擔心，因為我很高興。」其實，她並沒有這樣做，因為她心裡很清楚，父母仍然愛著她，她還可以贏得他們的關注。所以她沒有做傻事，只想讓母親來找她，然後帶她回家。

假如當初女孩明白自己的一切行動只不過是想得到他人的欣賞，也許就不會有這麼多的事情發生了。如果在高中時期，老師對她的了解較多，也許也不至於出現現在的這種情形。高中之前女孩的成績一直很優異，如果她的高中老師知道她是一個對成績極為關注的人，也許並不會採取之前的方法，也就不會讓她對生活失去希望。

還有這樣一個案例：

一對性格軟弱的父母很希望以後生下一個男孩，但不幸的是，他們卻有了一個女兒。由於父母有著男尊女卑的陳舊觀念，所以他們並不喜歡自己的孩子，這就注定了孩子在這個家庭中不會得到應有的關愛。並且，她常常聽到母親這樣對父親說：「這個孩子沒有一點討人喜歡的地方，長大後也不會受人歡迎的。」或者：「如果她長大了，我們要怎麼辦呢？」十多年的時間裡，她一直處在這樣一個環境中。有一次，她發現了母親的一位朋友寫給母親的信，說不要總為有一個女兒而悲傷，她還年輕，以後還可以再生個男孩的。

我們可以想到女孩看到信後的心情。幾個月之後，她去鄉下看望自己的叔叔，在那裡，她結識了一個有些呆傻的男孩，並和他談起了戀愛。她對男孩付出了很多，後來，男孩離開了她，致使她異常痛苦。後來，她患上了焦慮性精神官能症，從不敢一個人出門，於是她找到了我。之後當因為性別她不能得到家人的關注時，她就開始轉向其他的辦法。她用自己的痛苦來折磨著家人，贏得他們的關注。她總是哭鬧，還常常說自己要自殺，並以此來威脅家人。我們想幫助女孩認識到自己的處境，也想讓她明白在青春期她過度重視了自己之前的思想——一直被別人忽視，可是我們很難做到。

四、青少年性心理健康

兩性關係常常被處在青春發育期的孩子們誇大或過度在意。他們想以此證明自己已經不再幼稚，但結果往往事與願違。比如，一個女孩與母親發生了爭吵，她總是感覺母親對她管束太多。此時，她就有可能隨便找一個男人與之發生性關係，以此來表示對母親的叛逆。母親會不會知道此事並不是她要考慮的，尤其是當母親發覺後並為之不安時，她才達到了真正的目的。所以，我經常看到一些女孩子們和母親吵架後跑出來發洩，和她遇到的第一個男人發生性關係。這些孩子平時表現得很乖，家教也不錯，我們幾乎不敢相信她們會有這樣的行為。然而，錯誤也不能全歸於女孩身上，只不過是思想上的誤解：她們認為自己被家人忽視，低人一等，似乎只有這樣才能展現出她的優勢。

①男性傾慕

很多在家庭中被寵愛的女孩很難適應自己做女人的角色，因為有一種思想佔據了她們的腦海，認為女性總比不上男性強勢，所以這就致使女孩不想讓自己轉變為女人，我們將這種思想稱為「男性傾向」。女孩對於「男性傾向」的表現形式多種多樣，有時她們會躲避或討厭男性；有時她們則喜歡和男性交往，可是與男性在一起的時候又往往表現出自己的拘謹。她們不敢主動接近男性，也不想參加有男性出現的各種聚會，並且當聽到關於性的話題她們就會變得不安。隨著年齡的增長，她們雖然嘴上也說自己想步入婚姻，可是卻從來不接觸男性，也不去和男性交往。

處在青春期的女孩子們，也許對女性角色的反感更加強烈。所以，此時她們常常去做一些類似男孩的行為，比如抽菸、喝酒、罵人、打架、廣交「朋友」、放縱自我等，她們總認為這樣才會引起男孩的興趣。

如果以上行為還不能足以表達她們對女性的反感，就會讓自己發展成同性戀、賣身或者進行不合常理的性行為。幾乎所有的妓女都有「不悅」的童年（其實有的只是自己的想像，並非事實），她們認為無人關心重視自己，先天條件就不如人，永遠不會得到男性的疼愛。到如今，我們對於她們為什麼看輕自己，為什麼自暴自棄，為什麼對自己的身體和性行為毫不負責也就有所了解了。其實並非只有青春期才有這種對女性角色的反感，處於童年時期的孩子同樣如此，雖然她們沒有這麼做的必要和機會，但是這種思想確實已經在她們的腦海中了。

並非只有女孩才對男性有崇拜之情，那些認為男性過於高尚的男孩子們也都高估了男性的強勢，並且常常產生這樣的疑問：我長大後會不會成為陽剛氣十足的男人？我們的文化也同樣為那些崇尚陽剛的男孩子們帶來了困惑，尤其是他們不能把握自己是否可以成功地轉變為男性時。不少孩子到幾歲之後，還有些弄不明白，自己的性別以後會不會得到轉變。所以，在孩子兩歲的時候，你要明確地告訴他自己是男孩還是女孩，這是極其重要的。

長相有些像女孩的男孩子總會度過一段痛苦的時光，因為別人總是不能馬上分辨出他的具體性別，有時家人或朋友也會這樣說：「你原本就應該是一個女孩子。」此時，孩子會認為這是自己先天的一種缺陷，甚至對以後的婚姻和生活造成影響。這種不確定的性別也許會讓男孩對女孩的行為進行一些模仿，使自己看起來更像一個女孩子。他們會像戲劇中的表演者一樣讓自己塗脂抹粉，搔首弄姿，任性而為。

② 成長期

孩子在四、五歲的時候就已經形成了對異性的基本看法。這種性的驅動力在幾週大的時候就可以看出，但是在它沒到釋放的時候，我們無需去觸動這種驅動力，所以這時他們的表現都是極其自然的，我們無需感到驚訝。比如，孩子在一歲之前，他們也許會觀察或撫摸自己的身體，為此我們不用太擔心，但是我們可以藉由轉移孩子的注意力，讓他們不再關注自己的身體，而去關注周圍的環境。

如果他們的這種行為總是發生，那就要另想辦法了。這時，我們可以這樣判斷：孩子的這種舉動並不是性的驅使，而是他想利用這種方法達到自己的某種目的。比如，他觸摸自己的時候看到父母很擔憂，容易吸引父母的注意力，所以他就常常利用這種方法吸引父母的目光。但是當他們的這種行為並不為他人所關注時，他就不會再繼續了。

父母對自己的孩子進行撫摸或親吻是表達愛和關心的一種方法，但是不要去碰觸孩子的敏感部位以免引起不正常的反應。所以在撫摸孩子的身體時，要多加小心。此外，有些孩子甚至成人會提到，在父親的書房中發現了一些色情或露骨的圖片，從而引起了某種情感。所以，如果不想讓孩子產生我之前所講的問題，就要避免讓他們看這些色情圖片或影片，不要引起他們的性欲望。

我在之前還提到了另一種刺激性欲望的方法：常常給孩子講不合時宜的或超出他接受範圍的性知識。有些年輕人瘋狂地渴求性知識，他們怕自己長大後因為對這方面知識的缺乏而陷入困境。到那時如果我們觀望周圍的人，就會發現，這種困境幾乎是不可能的。所以，等孩子真正想知道這些事情的時候才是告訴他的最好時機。即使孩子不說出口，細心的父母也應該可以覺察得到孩子的好奇心。如果孩子和父母之間的關係很親密，他們一定會主動向父母提出自己的疑惑，但是父母的解釋必須是簡單易懂的。

此外，父母盡量避免在孩子面前過度親密。如果可以的話，孩子和父母需要分床而睡，甚至分屋而睡。最好的辦法是，女孩不要和自己的哥哥弟弟共用一個臥室。父母應該細心觀察孩子的生長發育，不能過於粗心。如果父母不了解孩子的性格，就永不會知道孩子會受到什麼樣的影響。

在人的一生中，常常會經歷一些人生的轉捩點，這些轉捩點對我們的成長有著決定性的意義。比如，青春期，這是一個被人們公認的不尋常發育期，雖然這並沒有任何科學依據。其實，更年期也與此相似。然而，這些階段只是人生中很短暫的轉折，它不會讓我們有太大的變化，也並沒有什麼特別之處。重要的是，人們想在這個階段獲得什麼，這個階段會有怎樣的意義，以及面對這一階段的態度。

孩子剛剛步入青春期，常常會感到驚恐和害怕，他們的行為也會異常詭異。如果我們仔細觀察，就會發現，其實青春期帶來的身體變化並不被孩子們過度重視，反而是社會賦予他們的某種責任使他們變得開始擔心。比如，有些人認為青春期是一切生活的終止，之後，他們就不再有價值和尊嚴，不再有合作和奉獻，不再被人需要。所以，青春期問題正是這樣一種情感的延續。

如果一個孩子已經把自己看成社會中的一份子，並且知道為社會奉獻的意義，尤其是他可以用很平和的心態和異性結為朋友，那麼青春期只不過是他為自己長大、計畫未來所做的準備。如果他覺得自己低人一等，就會對環境產生錯誤的認識，所以必定會在青春期面前變得不知如何是好。此時，在別人的施壓之下，他也許會去完成某事；但是如果讓他獨立去做，他就有些不知所措，結果注定會失敗。這樣的人已經習慣了被人指使，一旦自由了，便不知道該何去何從。

第九章
CHAPTER 9

《犯罪及預防》

犯罪者和問題兒童往往沒有合理地處理人生問題，並且在一些應嚴格遵守的規定方面，他們恰恰犯了同一種錯誤：他們不但不知道何為責任，還不知道為別人考慮。

一、了解犯罪心理

個體心理學能讓我們把人區分成不同的類型，並且還會讓我們看出，雖然人的情況各異，但是並無明顯的差距。比如，我們所看到的，犯罪的人和問題兒童、精神官能症患者、自殺者、精神病人、酗酒者、性行為不正常的人常常是失敗的範例，他們是同一種類型的人。他們沒有合理地處理人生問題，並且在一些應嚴格遵守的規定方面，他們正好犯了同一種錯誤：他們不但不知道何為責任，還不知道為別人考慮。但是，雖然這樣，我們也不能說他們和別人有什麼不同。任何人都不可以說自己的責任感和合作精神是完美無缺的，其實罪犯和普通人的區別只在於，普通人所犯的錯誤沒有那麼嚴重而已。

①為追求優越感而奮鬥

要想了解罪犯，還有重要的一點，即我們都想克服困難，這一點和普通人沒有什麼區別。我們的一生都在為這個目標不斷追求，如果這一目標實現了，我們就會感覺到自己的強大和超越他人。我們的這種想法是對安全的一種追求，也有人說這是自我保全的方法。但是不管我們對他們怎樣理解，總有一條線貫穿著人類發展的整個過程——人們一直在努力地由卑微走向高貴，由失敗走向勝利，由底層走向上層。這條線從一出生就開始顯現，一直到人的生命終止。所以，我們如果發現罪犯也有這樣的目標和願望，也沒有什麼值得驚訝的。

如果我們仔細分析犯人的行為方式和態度，就會發現他們一直在讓自己克服困難，擺脫困難，並向上攀爬。雖然他們同樣在努力，但是他們的努力方向卻與常人不同。如果我們明白，他們沒有走上正確的道路是因為他們不知道社會的要求和與人合作的作用，我們就很明瞭了。

② 環境、遺傳與轉變

因為很多人對這一點並不了解，所以我必須再次強調一下。有些人認為罪犯與常人不一樣。比如，有些醫學家都說罪犯是有智障的。還有些人認為他們是有著某種遺傳基因的，他們認為罪犯具有天生的罪惡基因，自然會走上犯罪的道路。還有人認為罪犯是由環境的影響造成的，只要他們一朝犯罪，就終生都不會改變。如今我對這種觀點持堅決反對的態度。並且，如果人們一再認為這種觀點是正確的，那麼我們就永遠不可能從根本上解決犯罪問題。我希望盡早使這一問題得到解決。歷史證明，犯罪永遠只是一種悲劇，如今我們急需在這方面有所成就。我們定不能說一句「這是由遺傳基因決定的，我們也很無奈」就一推了之，更不能將這一問題放在一旁不管。

其實，不論是環境還是遺傳的影響，都沒有強迫性的因素。因為同一個家庭或同一個環境中的孩子長大後常常是大不相同。有時，那種名聲顯赫的家族中也會有敗家的人出現。有些出生環境惡劣，甚至家人曾多次出入監獄或教養所經歷的家庭，卻可能出一些品德優秀的孩子。並且，有的犯罪份子也會變好。有的人為什麼年輕時總是偷盜，但是到了六十歲之後卻自動安定下來，成了一個本分的人，這是犯罪心理學家所無法解釋的。如果如我們前面所述，一個人犯罪的傾向是由遺傳或環境影響所決定，那麼這種現象當然無法解釋。但是，在我看來，這種情況的發生並沒有什麼奇怪的。也許是因為此人所處的環境改變了，讓他身上的壓力不再沉重，所以他的人生觀也隨之改變，不再邪惡。也許在多次偷盜之後，他已經讓自己得到了滿足，所以他將自己的目標轉變成了別的。還可能他年老體衰，行動不便，已經不再適合做這些事，因為當他的身體不再靈活時，偷盜自然就是一種奢望了。

③ 童年影響與生活態度

如果我們想真正地幫助這些罪犯改正，唯一的有效方法就是了解他的童年生活，看是否有什麼事情阻礙了他與別人合作。面對這個問題，在這一領域個體心理學為我們點亮了一盞明燈，以至於我們對這一問題更加清晰。孩子在五、六歲的時候，性格特徵已經開始變得完整，可以將很多事情聯繫起來。我們知道在孩子的成長過程中遺傳和環境因素有著不可忽視的作用，我們總是不去關注孩子將什麼帶到了這個世上，或者在他的成長過程中遇到了怎樣的事情，我們只關注他是怎樣利用這些經歷達到自己的人生目標的。因為我們對於遺傳中所得到的能力和障礙不甚了解，所以我們很有必要了解這一點。我們需要考慮他所處的環境會給他帶來怎樣的影響，以及會怎樣利用這些因素。

其實在罪犯的身上我們也可以看到合作精神，這樣也許會讓他們的罪行稍微輕一些，然而這種合作遠遠達不到正常人的範圍，然而產生這一問題的原因，主要在於家長，尤其是母親。家長應該懂得如何培養孩子的合作精神，並使自己和他人擁有共同的興趣和愛好。他們需要親自實踐，讓孩子更關注人類及未來的發展。也許母親並不想讓自己的孩子以別人為關注點；也許父母婚姻不幸福，相處並不和諧；也許父母處於分離的邊緣，相互之間並不信任。所以，母親想將孩子獨攬過來，寵著，愛著，慣著，從不讓他學著自立。在這種情況下，他們必定缺乏合作精神。

讓孩子對他人產生興趣、讓他們學著融入社會是非常重要的。有時，如果一個孩子特別受母親寵愛，他就會被家庭中的其他孩子遠離，這樣，他就不容易和別人相處。如果這種情況被他錯誤理解，就有可能將他引上犯罪的道路。如果在一個家庭中第一個孩子表現卓越，那麼他之後的孩子就常常會思想出錯。也許還會產生這樣的情景：在家庭中的老么特別討人喜歡，那麼他的哥哥姐姐就會覺得是他將父母的愛全部奪走了。所以他們就會感覺自己不被人關注，感到異常痛苦，哥哥姐姐就會陷入一種錯誤的認識之中。於是他就開始尋找證據，讓自己的想法得到證實。他的表現就會越來越差，從而受到更大的責罰。這樣他就會更加認定自己的想法是對的，認為別人確實對他不關心。所以他會覺得別人剝奪了自己的權利，於是開始犯罪。當他的行為被人發現之後，定會受到懲罰，此時，他更加堅信沒有人關心他，而是人人與他做對。

如果孩子聽到父母抱怨命運不公、世事艱難的話，也會對社會的興趣大減。如果孩子總是聽到父母數落哪個親戚或鄰居的過失，或者總流露出對別人的不滿或惡意，孩子也一定會受此影響。在這種環境中長大的孩子，如果對周圍的同伴產生偏見，就沒有什麼值得奇怪的了，當然，他們與自己的父母做對，也就不難理解了。當孩子並沒有意識到什麼是社會責任感時，就會以自我為中心。在孩子的心中會這樣認為：「為什麼我要為別人著想？」並且，如果在這種意識的支配下無法解決他的人生難題時，他就會變得猶豫，轉而尋找一些讓自己輕鬆擺脫困境的方法。他們會認為克服困難實在太難了，即便傷害別人也無所謂。我們可以猜想，他即使處於任何狀態都會毫無顧忌。

我將舉一些例子來說明犯罪的發展軌跡。

在這樣一個家庭中，大兒子是最受寵愛的，而次子則是一個問題兒童，可是他身體健康，沒有什麼遺傳缺陷。弟弟一直想像哥哥一樣優秀，他就像是在比賽，一直想超過哥哥。他與人交往的能力很差，對母親非常依賴，總想從母親那裡得到什麼。可是，他在生活中事事不佔優勢，哥哥學校的成績很好，可是他卻是班裡「吊車尾」

的學生。

他有著很強的控制欲。他常常對傭人指指點點，指使她們做這做那，就像軍官調遣士兵一樣。有一個女僕對他十分疼愛，一直到他二十歲，還像對待上司一樣接受著他的指派。當他接到別人交給的工作時，內心總是有種恐懼不安的感覺，所以他最終總是什麼事都辦不成。他遇到困難，總是向母親求救，即使受到的常常是懲罰或責備。

有一天，他迅速地結婚了，並且在他哥哥之前，這樣就致使他以後的生活更加困難，然而，他卻把這當成一種超越哥哥的「壯舉」。從中我們可以看出他已經將自己置於一個很低的位置，竟然想藉由這種事來取得勝利。其實的他根本沒有為結婚做好準備，所以婚後的生活一直處於爭吵之中。後來，母親實在沒有能力再給予他錢財上的支援，他就訂購了幾架鋼琴，可是還沒有付錢就低價轉讓了。正是因此，他被送進了監獄。

從這件事我們可以看出，他的犯罪是因為童年的影響。他一直在哥哥的陰影下成長，就像被大樹遮擋陽光的小樹苗。在他的心裡總有一種關念，在風光無比的哥哥的反襯下，他覺得自己受到了太多的侮辱和忽略。

此外，還有一個十二歲女孩的例子：

她是一個志向遠大的女孩，深受父母的疼愛。可是她卻十分嫉妒自己的妹妹，處處表露出對妹妹的敵意，不管是在家裡還是在學校。她總是時時關注著妹妹是不是得到了父母的偏愛，是否得到了更多的糖果和零花錢。有一天，她偷了同學的錢，結果受到了懲罰。我很慶幸自己有機會向她解釋事情發生的原因，讓她不再有嫉妒妹妹的心理。並且，我將這一事實也告訴了她的父母，讓他們不再讓姐妹倆對立，也不再讓她有父母偏愛妹妹的想法。這已經是二十年前的事情了。如今這個女孩已經成人，人很和善，並且也已結婚生子了。從那以後，她再也沒有犯過大錯。

④罪犯性格的構成

之前我已經論述過關於孩子在成長過程中的危險情況，如今我想再重複一次。因為只有認清了他們犯罪的原因，才能幫助他們走上正確的道路，所以我們一定要重申這一問題。容易犯罪的兒童一共有三類：一是身體殘疾的人，二是受寵的人，三是被忽視冷落的人。

在那些我親眼所見或從報紙書刊上得知的對於罪犯的描述，我想找出罪犯的人格結構。我發現，對此做深入研究的關鍵是從個體心理學方面來進行闡述。我想再舉幾個例子進行說明。

(1)康拉德

康拉德和一個男人合夥謀殺了自己的父親。父親很輕視他，對全家人都很粗魯。有一次，男孩反抗父親，並將他告上了法庭。法官說：「你父親太胡攪蠻纏，我們對他實在是沒辦法。」

你可以想像，法官是怎樣對男孩說他父親的這種行為是可以理解的。家人想讓他們之間的關係變得緩和，但卻無法做到，家人也開始無可奈何了。後來，父親竟然將一個很輕浮的女人帶回了家，並將兒子趕出了家門。之後，男孩和一個臨時工混在了一起，那人對男孩很同情，並讓男孩將自己的父親殺掉。男孩開始是因為對母親的顧忌而沒有採取行動，可是情況卻越來越糟。在長時間的考慮之後，男孩終於決定，在臨時工的幫助下殺死自己的父親。

從中我們可以看到，男孩不能將合作的社交行為擴展到父親身上。他很尊敬自己的母親，且很愛她。所以，他需要找一些理由，將自己的那一部分責任推卸掉。只有在臨時工的幫助下，再加上自己對父親的痛恨，他才敢於向父親下手。

(2)瑪格麗特．史文奇格

瑪格麗特被有些人稱為「投毒女」。她從小被父母拋棄，由於發育不良，身材十分矮小。從心理學的角度講，這些因素會致使她變得愛慕虛榮，希望得到別人的關注，所以總會顯示出一副討好他人的樣子。

可是在經過多次努力後她仍然沒有引起他人的關注，所以開始對此不抱任何希望。她曾三次想投毒殺掉幾個女人，目的是佔據她們的丈夫。她認為那些是自己的東西，被他人搶走了，除此之外，她想不到任何方法將「自己的東西」奪回來。並且，為了控制這些男人，她還假說自己懷孕了，還大嚷著要自殺。從她寫的自傳中（很多罪犯都愛寫自傳），我們已經證實了這一觀點，但是她卻並不太了解自己所說的話。她說：「每次當我做壞事的時候，我就會想，既然沒有人覺得對不起我，那我又有什麼理由對得起別人呢？」

從這些話中，我們可以看出她是怎樣走上犯罪道路並且不可自拔的，她也一直在為自己找各種藉口。我告訴她要學著與人合作，要主動去關心家人的時候，她就會說：「可是沒有人去關心我呀！」

我卻常常告訴她：「總要有人去走第一步的，別人合作不合作是他們的事，可是我希望你走出第一步，而不是顧慮別人會不會與你合作。」

(3) N.L.

他是家裡的長子，一條腿有殘疾而變成了瘸子，缺乏教養。他以長兄的身分，管束著自己的弟弟們。從中我們可以看出，也許他在家裡的優越地位會成為一個積極的因素。但是，他也可能成為一個驕橫、暴躁的人。最後，他竟然將自己的母親趕出了家門，且罵道：「快滾！你這個老太婆。」

這件事讓我們感到很悲哀，他連對自己的父母都沒有了任何感情。如果我們清楚他的童年生活，就會明白他是怎樣走上犯罪道路的。他曾待業了很長時間，沒有收入，還得了性病。一天，他出去找工作，卻未能如願。在回家的路上，他將自己的弟弟殺死，目的僅僅是搶走弟弟那微薄的工資。由此我們可以看出，他根本沒有任何合作精神。在他的處境之下——沒錢、沒工作、患有性病，他覺得自己走投無路了。

(4) 不具名

有一個孩子很小便成了孤兒，後來被人收養。可是，養母對他特別溺愛。結果，在這樣的情況下他變得毫無教養。他總是時時與人競爭，處處想高人一等，並得到別人的關注。他的養母竟然整天縱容他，且漫無邊際地誇獎，後來他成了一個到處欺詐錢財的騙子。他的養父母家庭還算富裕，所以總是一副不可一世的樣子，結果他將自己的錢財揮霍一空，最後被趕出家門。

正是因為不良的教育和驕縱的性格讓他開始走上歧途。他認為，欺詐人就是他一生的工作。由於養母對他的愛甚於自己的親生兒女，所以他認為自己做什麼事都是對的，以至於他將自己擺在了低下的位置，他認為自己無法靠正常的手段謀生。

在此，我想再次聲明：所有的罪犯都有精神病這種想法並不正確。當然，有一些精神病人也會犯罪，可是這與我們平時所說的犯罪是兩種定義，我們不能讓他們承擔任何犯罪後果，因為他們不受意識的支配，並且我們完全不能理解他們的行為方式。

我們同樣不應該將弱智的人當成罪犯，因為他們只是被別人當作使用的工具。他們思考簡單，所以常常被人利用。對他們進行利用的人會為那些弱智的人展現一個美好的未來，激起他們的欲望，自己則躲在背後，讓別人替他們行動，去承受某種危險。其實，少不更事的人同樣會在別人的慫恿下犯罪。那些經驗豐富的老手總是在背後指點，讓那些孩子去行事。

實際上，罪犯同樣膽小，他們也會躲避那些自己無力解決的問題。這些膽小的特性我們可以從他們作案的方式和人生態度中尋覓到。他們常常躲在暗處，突然襲擊受害者，並且總是在受到攻擊之前就開始反擊。我們千萬不要相信罪犯表現自己多勇敢的那些大話。因為他們的犯罪行為看似強大，其實只是一種軟弱的表現。他們所追求的只是自己想像出來的一種自我超越，他們想讓自己成為自己想像中的偉大人物，其實這不過是一種錯誤的人生觀，亦是對人生的一種錯解。我們認為他們無比軟弱，但是如果我們的想法被他們得知，將會對他們造成莫大的打擊。當他們想到那些聰明的員警還得圍著他們團團轉的時候就會有一種榮譽感，他們就會認為「員警是抓不到我的」。

然而，事實的確如此，在我們對那些罪犯的所犯罪行進行審問時，總會得知一些自己毫無所知的案子。這是我們所遺憾的事。當他們知道後就會想：「我這次是因為太過疏忽大意才被抓的，下次如果多加小心就會溜之大吉了。」如果他們果真逃脫了員警的追捕，就會認為自己優於他人，就會覺得自己的目標得以實現了，同樣也會得到別人的讚許和表揚。我們必須拋棄那種認為犯罪的人勇敢無畏的想法，可是我們又從哪裡開始行動呢？其實在家庭、在學校、在社會中都可以，在後面我會講到最佳的解決辦法。

二、犯罪的類型

罪犯一般可分兩種類型：一種是他們知道社會中需要與人合作，相互關心，可是自己卻從不去這樣做，所以這樣的人認為所有的人都是敵人，認為自己被社會孤立，得不到任何人的賞識；另一種是被慣壞的孩子。在我所接觸的罪犯中，總會聽到這樣的話：

「是因為母親對我太過寵愛，所以才走上了犯罪的道路。」在這一點上我還會詳細論述。在這裡我提到這個問題是想告訴你們：罪犯作案的類型多種多樣，但是都因為缺乏良好的教育和合作精神，才致使自己脫離了社會。

每一個父母都想讓自己孩子成為社會的棟樑之才，可是往往不知道方法。如果他們過於嚴厲、冷漠，肯定行不通。如果讓孩子做主，時時順著他們，無疑表示他們是最重要的，誰的地位都無法與之相比，使孩子們處處想吸取別人的注意力，總希望自己成為別人的焦點。當他的願望不能實現時，他們必定變得嘮叨不止、怨天尤人。

① 犯罪案例

以下我將舉幾個例子，來證明我所說的觀點，當然，我將這些案例記下來的目的並不在於此。首先我將講一個關於盧克夫婦在《五百種犯罪生涯》中的案例，講的是一個男孩對自己犯罪生涯的回憶，名字叫作「辣手約翰」。

「我從沒想過自己會變得如此不服管束。在十五、六歲前，我還是一個正常的孩子，沒有任何異樣。我喜歡體育運動，還常常進出圖書館，我每天都為自己妥善地安排著時間，什麼事都是井然有序。但是後來，在父母的強迫下我離開了學校，我只好去工作，可是除了每週我留給自己的五十美分零花錢，其餘都被父母拿走了。」

他說這些是在控訴自己的父母。如果我們了解了他的家庭情況，也就知道他犯罪的原因了，並且會切身體會到他的感受。如今，我們可以下這樣的論斷：他與自己的父母關係不和。

「在我工作了一年之後，我交了一位女朋友，她是個喜歡享受的女孩。」

其實很多人都是因為這個原因走上犯罪的道路，他們交上了一個花錢大方的女友。這個問題讓人很頭疼，同樣也是對他們合作精神的考驗。他每週只有五十美分的零用錢，可是女友卻這麼愛享受。在我看來，錢並不是維持愛情的唯一因素，並且世界上的女孩多得是，其實他是找錯了人。如果再有相似的情況發生，我會直截了當地指出：「這個女孩並不適合你，因為她想要的只是享受。」但是，每個人的價值觀是不同的。

在這個時代，即使生活在小鎮中，每週五十美分的花費也遠遠達不到女孩的標準。他無法從父母那裡得到更多的錢，由此心中產生了一種怒火，並且異常痛苦。他不知道該怎樣得到更多的錢。

如果按照一般的思考方式，我們會說，找一個別的工作，多賺一些錢。然而他卻不這麼想，因為他交女朋友就是為了享樂，他可不想為了這個讓自己吃苦。

「有一天，我在路上遇到一個陌生人，可是很快我們就熟悉起來。」

與陌生人的交往無疑是對他的一次考驗。有著正常合作精神的人是不會誤入歧途的，但是他卻已經有了邪念，就更加容易被人帶壞。

「這個陌生人是一個偷竊者，他膽子大，很聰明，有能力，對道上的事很了解。如果和他一塊兒行動，從不會空手而回。他曾在鎮上做過上千起案子，卻沒有被抓到過。所以我就跟著他開始做事。」

據說他的父母有自己的房子。父親在一個工廠裡工作，勉強維持著家裡的生活。他們家一共有三個孩子，除他之外，沒有任何人犯過罪。現在我懷有極大的好奇心，想聽聽那些堅信遺傳對其有影響的專家們的說法。這個男孩說自己在十五歲就已經有了性生活。但是，我可以確定，這個男孩並不好色，因為除了滿足自己的欲望之外，他對任何人都沒有興趣。人們也許都會沉迷於聲色之中，但是他卻只想藉由這種方法讓自己成為別人頂禮膜拜的性偶像。

在他十六歲時，曾因為搶劫而被捕。在我們對他的問訊中，證實了之前的說法。他為了讓別人崇拜自己，為了吸引女孩子的芳心，不惜在她們身上花費重金。他戴著一頂大盤帽，將紅色的手帕別在胸前的口袋中，腰間還佩著一把手槍，看上去就像一個西部的綁匪。他的內心異常空虛，想成為別人心目中的英雄，可是又不知道如何去做。對於員警所指出的罪行他都一一承認，並且還說「並不止這些」。

「我覺得我沒有繼續生存下去的意義了，我對任何事都不感興趣，甚至於對整個人類都是蔑視的。」

這些看似清晰的想法其實很模糊，他根本不知道自己生存的意義何在。在他心裡，生活就是一種壓力，但是他卻不明白自己這樣理解生活的原因。

「我所得到的知識就是不要信任任何人。他們說盜賊之間不會有欺騙存在，其實並非如此。我曾經非常真誠地對一位同伴，可是他卻反過來欺騙我，甚至背後捅我一刀。」

「如果有足夠的錢，我就會安安分分地生活。我是說，如果我的錢足夠花，我就會去做我想做的任何事，根本無需去工作。我不想工作，並且對工作很厭煩，我永遠都不想再工作了。」

對於這些話我們可以這樣解釋：「精神上的壓抑成了我犯罪的根本原因，我不得不壓制著自己的欲望，所以才走上了犯罪的道路。」我們應該對這一點仔細分析。

「我每次作案並不是為了讓自己犯罪，而是當我將車開到有『目標』的地方時，就有些不能控制，所以我就會讓自己盡快下手，然後快速逃離。」

他說自己就是一個英雄，根本不承認這些是軟弱的表現。

「有一次，我身上帶著一萬四千美元的珠寶，想將這些珠寶換成錢，然後去見一個女人，為此我被員警抓住。後來我感覺那時真傻。」他們在女人身上花大把的現金，就是為了贏得她們的好感，因為在他們心裡把征服女人看成很驕傲的事。

「監獄裡開了各種各樣的課程，只要我可以去聽的我都會去，但是我並不是讓自己改過自新，而是讓自己有更多的作案知識。」

這已經表示這個人對人類有著極度的仇恨情緒，不但如此，他還根本不想在世上生存。他說：「如果以後我有了自己的兒子，我就會將他殺死，因為我把他帶到這個世界上，本身就是一種犯罪。」

那麼，我們怎樣讓這樣的人真正改過自新呢？除了讓他與人建立起合作精神，別無他法，我們要讓他知道自己思想偏差的原因。我們只有讓他認識到是因為童年的經歷導致了他對人生的誤解，才可能幫他走上正途。在這個案例中，有些事我並不知道，其中也沒有進行描述，所以我只有靠著自己去加以猜測：他是家裡的長子，就像其他長子一樣，在開始的時候是家裡的中心，但之後，隨著其他孩子的出生，他的風頭被別人佔走了。如果我的猜想是對的，你就會發現，即使這樣微不足道的小事，也會讓他與人的合作受到阻礙。

約翰說，那些在勞教所受到虐待的孩子們，在出去後會更加憎恨這個社會。在此我想聲明一下，在心理學看來，在監獄中的所有暴行，都會被罪犯看成一種挑戰和磨練。如果不斷地告誡罪犯要重新做人，他們同樣認為這是一種挑戰。他們想成為英雄，所以對這種挑戰感到欣喜。他們認為自己正在繼續與社會對抗，於是更加下定決心抗戰到底。如果一個人開始和全世界對抗，那麼這個世上還有什麼事比這更具有刺激性呢？

面對兒童的教育問題同樣如此，讓他們迎接挑戰同樣是最失誤的管教方式。因為這樣就會在孩子們心中有這樣的想法：「我一定要看看到底誰更厲害，看誰支撐的時間最長！」他們和罪犯一樣，同樣想讓自己成為「英雄」。他們清楚，只要自己足夠聰明，就可以逃離法律的制裁。在監獄或勞教所中，如果管教人員讓罪犯去迎接挑戰，是極為錯誤的作法。

下面讓我們再來看一個已經被裁決的殺人犯的例子。

> 他殺死了兩個人，並且在犯罪之前，他將自己的目的源源本本地寫了下來。這些日記給我們提供了線索——他的犯罪過程和動機是什麼。任何犯罪份子在作案前都不是沒有任何計劃性的，並且在他們的作案緣由中一定有著某些合理的成分。當犯罪份子在錄製口供時，沒有一個人不為自己的犯罪做辯解，他們對罪行的本身也會解釋得清清楚楚。

在此，我們看到了社會責任感的重要性，即使罪犯，也不可逃離這一事實。但是，他們卻極力想逃離這種責任感，讓自己不再受此束縛。在杜思妥也夫斯基的《罪與罰》中曾這樣描述：拉斯柯爾尼科夫已經在床上思索了足足有兩個月的時間，考慮自己是不是應該去犯罪。他不斷地問自己：「我是拿破崙，還是膽小鬼？」罪犯就常常用這種方法去矇騙自己，從而達到犯罪的目的。其實，罪犯很明白什麼樣的人生沒有意義、什麼樣的人生有意義。但是，因為他們的軟弱和膽怯，沒有勇氣去接受有意義的人生。正是因為他們知道自己沒有奉獻社會的能力，所以變得膽小怕事，以至於不敢嘗試有意義的人生，因為要達成這一目標必須與人合作，而他們偏偏缺乏這種基本的合作精神。當罪犯想減輕自己身上的壓力時，就會為自己找一些藉口。

以下就是在殺人犯的日記中摘抄下來的東西。

「人們都嫌棄我、輕視我，甚至連家人都不認我，我幾乎痛不欲生了。我現在什麼都不管了，我實在無法再忍受。我可以受別人的鄙視和冷漠，可是吃飯問題呢？肚子總是不聽我的指揮的。」

這就是他為自己找的理由。

「有人說我會死在絞刑架上，但是餓死和絞死又有什麼不同呢？」

其實預言和挑戰有著相同的作用。因為還有這樣一個案例：一位母親告訴她的孩子：「我知道你早晚會將我勒死的。」果然，在孩子長到十七歲的時候，將自己的母親勒死了。

在這位殺人犯的日記中還這樣寫道：「既然怎樣我都免不了一死，那麼我還需顧及什麼後果呢？連我喜歡的女孩都不理我了，現在我什麼都沒有，別人也對我無計可施。」

他很想得到所喜歡女孩的欣賞，可是他連件像樣的衣服都沒有，更別提錢了。他認為女孩就是一筆財富，有了她戀愛婚姻的問題都可以得到解決。

「事情已經到了這一地步，結果我不是被別人解救，就是獨自滅亡。」

我想再次解釋一下，這樣的人一般都想走極端或與人為敵。他們就像一個孩子，要麼將所有的東西都給我，否則我就什麼都不要。這兩個極端總要選擇其一的：挨餓還是絞死，解救還是滅亡。

「所有的事都準備好了，就等這週四來臨。我已經選好了謀殺對象，現在只等待機會。只要機會一到，我就可以做出驚天動地的大事，這種事可不是一般人可以做到的。」

他認為自己是不可一世的英雄，「這是很恐怖的事，並非人人可為」。他手持一把刀子，襲擊了第一個男人，那人死在當場。這的確並非人人可為的事。

「他就像趕著羊群的牧羊人，饑餓難耐之時也會讓人異常痛苦。也許我再也無緣面對明天的太陽，可是我已經顧不得這些了。目前最需要解決的就是饑餓，我已經無路可退。當我坐上了審判席的那一天，我的痛苦也就結束了。人人都要為自己所做的事付出代價，但這總好於被餓死。如果餓死了，我不會得到任何人的關注。而我在行刑的時候，將會引來眾多人的圍觀，他們也許會對我的處境表示同情，也許有人會稱我是一名敢作敢當的英雄。沒人可以像我現在這樣備受煎熬。」

我們知道，他實際上並不是自己心中的英雄！在接受審問的時候，他這樣說：「雖然我沒有穿刺他的心臟，但是他死了。我知道我要被處以絞刑的，但是很遺憾，他穿著如此高貴的衣服，這是我這輩子都穿不起的。」如今他的作案動機已不再是因為饑餓，反而成了那人的衣服。他辯解道：「我當時不知道自己在做些什麼。」這樣的辯解我們常有耳聞。有時，罪犯為了推卸責任，常常先喝醉了再去作案。

在以上的案例中我們可以看到，要想打破社會關注的束縛，需要有多大的決心。我想，在這些案例中，我已經將所有重點問題都表現了出來。

三、合作的重要性

現在讓我們再回到前面所講的問題，其實，罪犯和普通人一樣，都想取得一種成功，為自己爭得一個有利的地位。但是，他們的目標卻是不同的。罪犯的目的總是爭取自己的利益，他們所希望達到的目標對別人沒有任何益處，他們還時時逃避與人合作。然而社會卻需要所有人共同合作、幫助、奮鬥、支持。罪犯的目標最突出的特點就是對社會沒有任何益處，他們形成這種思想的原因我們在以後會詳細論述。如今我們想說的是：要想真正了解一個罪犯，就要看其在合作中的失敗程度和性質。

罪犯們的合作能力也是不盡相同的，有的這種能力較強，有的則較弱。比如，有人僅限於小偷扒手，有人則非大案不做；有人是主謀，有人則只是從犯。為了更清楚地了解這些犯罪經歷，我們必須了解他們對人生的態度。

① 性格、生活方式和三大課題

如前所述，一個人的人生態度在四、五歲時就已基本形成，所以我們可以這樣認為：這並不是輕易可以改變的。人生態度對其性格的形成有著決定性的作用，只有一個人認識到了自己性格的錯誤，才會去試圖改變。在此，我們就明白了有些人犯了多次錯誤，受了多次挫折和侮辱，失去了生活的各種權利，卻依然不去改變，繼續犯同樣的錯誤的原因。

其實，罪犯作案的主要原因並非經濟問題，當然，我們不可否認，生活艱辛、困苦時，犯罪率會上升。據統計，犯罪的數量有時和糧食的價格成正相關。但是，我們並不能說是經濟形勢影響了犯罪的增加。其實，這是在告訴我們人們的行為也是受到各種限制的。他們的合作能力是有限的，所以他們是無法充分與人合作的。如果那些僅存的合作精神被磨滅了，他們自然會想到犯罪。我們從一些事例中會發現，在環境很好的時候他們不會犯罪，可是一旦環境變換，他們就可能走上犯罪的道路。這時，他們的人生態度和解決問題的辦法將成為主要因素。

在個體心理學的經驗中，我們會得出這樣的結論：罪犯不會關心人。他們雖然有著一定的合作精神，但是如果超出了他們接受的範圍，就會犯罪。如果有些困難他們無法解決，他們就不再本本分分地生活。如果我們對人生中所面臨的問題和罪犯遇到的困難進行分析，就會發現，與人交往好像是人生中最大的問題，其餘的都處於附屬地位，並且要想真正解決這一問題就必須去關心他人。

我們在第一章已經講到人生中的三大問題。

第一類是人際關係問題。罪犯也有朋友，但都是同類。他們可以成幫結隊，相互之間也有真正的友誼，但是他們的交往範圍很狹窄，他們不可能和一般人成為朋友。他們將自己放在一個臨界點上，不知道該如何與普通人輕鬆愉快地接觸和交往。

第二類是與工作有關的職業問題。如果談到工作，很多罪犯都會說：「我們那裡的工作環境你根本就想像不到！」當環境惡劣的時候，他們不會像一般人一樣去克服、讓自己適應。有意義的工作必定需要與人合作，可是這卻是犯罪份子所缺乏的方面，這種能力的欠缺常常很容易突顯出來，所以多數的罪犯達不到工作所規定的要求。一般的罪犯總是知識欠缺、沒有技術。如果我們再向前去看看他們的生活，就會發現，他們的這種性格在學校或者在兒時就已有表露。雖然合作是必需的條件，但是他們卻並不具備，所以當工作中遇到難以解決的難題，他們就會將責任一推了之。如果我們此時要求他們與人合作，那無疑是讓沒有任何歷史知識的人去參加歷史考試，結果要麼是漏洞百出，要麼就是一張白卷。

第三類是關於愛情方面的問題。要想維持美滿幸福的婚姻，合作和關心是必不可少的。有一半的罪犯在監獄或勞教所都會染上性病，這一點應該引起我們的關注。這也許會讓我們想到，他們都在尋找一種簡單的性愛解決方法。他們認為伴侶就是一筆財產，並且他們還認為，性是可以用來做交易的。他們認為，性是征服、佔有他人的一種手段，根本不會認為這是一種終生的陪伴者。很多罪犯都會說：「如果我得不到自己想要的東西，活著還有什麼意義？」

無論什麼事都不想與人合作，這並不是無關緊要的小事。我們時時都需要與人合作，且合作能力也會表現在我們的言行舉止中。如果我的觀察沒錯的話，罪犯們的觀察力、聽力和訴說力都與常人不同。他們的語言表達方式也有所不同，且他們的智力水準也會受到此方面的不良影響。在我們與人交談時，總想讓人理解自己。其實理解同樣是一種社交能力，我們所說的話和聽到的話總是被聽者和訴說者理解得一樣。然而罪犯則不然，他們的表達能力和聽話能力都與常人不同。從他們的犯罪行為和方式中我們可以看出這一點。他們並非愚笨，也並非弱智。如果我們理解他們這種虛假的優越感，就會覺得他們的想法也是合乎情理的。

有的罪犯可能這樣說：「我看到一個人的穿著很講究，於是就想殺了他，因為我沒有那樣的衣服。」如果我們順著他的邏輯方式去想，也會認同他的想法，並且不再要求他像普通人一樣去謀生，認為他們的要求都是合乎情理的。然而，這並非被大眾所公認的想法。在匈牙利曾出現過這樣一件事：

幾個婦女被訴訟合夥下毒殺人。其中一位婦女在進入監獄之後說：「我的孩子是個流氓，我對他討厭極了，我想毒死他。」

如果她不想與人合作，我們又能怎樣做呢？她並不傻，但是她看待事物的角度與常人不同。所以，我們就明白了，那些見到喜歡的東西就想自己佔有的罪犯的思考方式也與常人不同，他們必須把自己喜歡的東西從這個社會中奪過來，即使他對這個世界又冷漠又痛恨。他們的腦海中有著一種錯誤的觀念，所以也就認不清在這個世界上自己與他人的地位該怎麼安排。

四、合作的早期影響

在此，我想列舉幾種可能導致失敗的情形。

① 家庭環境

有時，我們會說犯罪是由父母造成的。也許在孩子的成長過程中他的父母並沒有教授過他合作的知識，也許他的父母以為自己不會發揮任何作用，因為他們都不知道怎樣與人合作。在失敗的婚姻家庭中，我們會輕易看出，他們之間的合作並不充分。孩子最初接觸的人往往是母親，但是有些母親可能並不想讓孩子將關注的目光轉移到他的父親、同學或其他人身上。

最初，他也許是家中唯一的孩子，是全家人的關注對象。可是在幾年之後，第二個孩子的來到，就會讓他感覺自己的地位降低了，自己的人生不再幸福和順利。所以，他開始排斥自己的父母或弟弟妹妹。這都是我們應該想到的。如果你對罪犯的早期生活進行追究，就會發現他的某些行為或想法在童年時期已經有些顯現。環境並不能決定孩子的成長，產生決定性作用的是他們對自己地位的誤解，並且沒有人給他做正確的引導。

在一個家庭中，如果有一個孩子突出優秀，那麼定會影響其他孩子成長。因為這樣家人就會將所有的注意力都集中在優秀孩子身上，而其他的孩子就會感到沮喪、失望甚至痛恨。他們不願和那個優秀的孩子合作，總想和他一爭高下，但是又沒有信心。孩子身上的優點就這樣被掩蓋了，再也發揮不出自己的優勢，這是孩子們的不幸，同樣令我們感到痛心。而這樣的孩子很可能走上犯罪的道路，或者變為精神官能症患者或自殺者。

如果仔細觀察，在孩子剛剛入學之時，我們就會發現他是否缺乏合作精神，這樣的孩子不愛交朋友，也不喜歡老師，他們上課時無法集中注意力，也不會好好聽講。如果此時仍不給予他有關的呵護，他們可能會遭遇更大的不幸。結果往往會形成，他們不但得不到別人的幫助，若讓他和別人建立合作關係，還會遭受更大的斥責和痛罵。這就是他不喜歡課堂的原因，如果以後他仍然繼續遭受這樣的痛苦，那麼他排斥上學也就不足為奇了。曾經有這樣一個孩子，在十三歲的時候被分到了後段班學習，並且常常被老師指責太愚笨。他的一生就這樣被毀了。他慢慢地失去了關愛他人的念想，人生目標也越來越傾斜，轉向人生的陰暗面，並且總想時時做出一些犯罪的事情。

② 貧窮

貧窮同樣會誤導人走上歧途。在貧困家庭中長大的孩子步入社會後很可能產生偏差的想法。他家總是缺衣少食，生活異常艱辛。為此他在很小的時候就必須出去打工，來養家餬口。當他看到那些生活富裕的人優越的生活，他們想要什麼就有什麼，所以在他的心裡就會有一種不公平感，認為那些人不應該比自己更好地享受生活。由此我們就能理解，為什麼在貧富差距越大的城市，犯罪率會越高。嫉妒一定不會是好的現象，它會使貧窮的孩子對自己的處境產生誤解，他們會認為富裕的生活是藉由不勞而獲得來的。

③身體缺陷

我個人認為，身體上的缺陷也會讓人變得自卑。當我提出這一觀點時，無疑感到了一絲羞愧，因為它在某一方面認同了神經學和精神病學中的遺傳論觀點。在我初次將自己的觀點記錄下來的時候就感到了這是一個嚴重的問題。其實這種自卑的產生並不是因為身體上的殘缺，而是教育的不健全。如果我們加以正確地引導，身體殘缺的孩子照樣可以像普通人那樣關心人。如果從來沒有人讓他感受到過關心，他們就會變得自私自利。

很多人都會內分泌失調，可是卻沒有人指出內分泌腺的具體作用是什麼。可是不管它們怎樣變化，都對人的性格和品質沒有影響。所以，在我們將孩子培養成與人合作且成為社會棟樑之才的過程中，是不應該考慮這一因素的。

④社會不利因素

其實，在那些犯罪份子中，有很多人都是孤兒，這就要將責任歸於我們的社會了，因為它們沒有給這些孩子灌輸合作的思想。那些私生子同樣如此，因為從小缺乏愛護他們的意識，他們也不想主動去愛護他人。被遺棄的孩子也是其中一類，在得不到他人關心的時候更是如此。罪犯之中面相醜陋的人也不在少數，這就為那些持遺傳觀點的人們提供了證據。但是，那些相貌醜陋的人心裡會怎樣想？他們真的很不幸。也許他們是某個種族的混血兒，生來就有一張並不討人喜歡的臉龐，所以常常受人歧視。他們也許一生都是痛苦的，即使在童年時期也同樣不快樂。但是，我們如果對他們進行正確的引導，也會讓他們成為社會的優秀份子。

但是，很奇怪，在犯罪的人之中，有些人相貌極佳。如果說身體上的殘缺或相貌醜陋是遺傳了不良的基因（我承認，有些缺陷的確是遺傳所致），那麼這些儀表端正的人呢？實際上，他們都是被慣壞的孩子，同樣很難與人合作，且沒有任何責任感。

五、如何解決犯罪問題

以上問題的關鍵是我們如何解決。如果我前面的觀點是正確的，那麼沒有責任感和合作精神的罪犯們總是在尋找著一種虛擬的優越感，如果真是如此，我們該怎樣做呢？其實罪犯和精神官能症病人有著相似點，除非我們說服他們和我們合作，否則我們也只能無可奈何。我反覆強調這個問題並沒有錯，因為如果他們懂得了為人類貢獻自己的力量，懂得了關心他人，懂得了與人合作面對生活中的難題，就不會出現這樣的結果。但是，如果我們無法做到這樣，就只能宣告失敗。

如今，我們應該知道，對罪犯的引導要從哪裡入手，就是培養他們的合作精神。如果永遠在監獄中緊閉，那幾乎沒有什麼效果；如果被釋放，他們還會繼續犯罪，並且這一方面也是不合乎常理的。我們的目的並不是讓罪犯不再干擾社會，我們還要做到：怎樣去幫助他們，讓他們為社會做出自己的貢獻。

這個問題說來容易，然而做起來卻很難。我們既不能讓他們做過於簡單的事情，又不能讓他們做過於困難的事。我們不能直指他們的缺點和錯誤，也不能與之為某事爭吵。他們在多年的成長中思考已經定型，世界觀也已固定。如果我們真想改變他們的看法，就要去尋找他們這種思考形成的原因，我們必須知道他們犯罪的原因，以及是怎樣的環境讓他們變成了這樣。在四、五歲的時候，他們的性格就基本定型，他們的人生態度和對世界的認識同樣是在那時形成的。所以，只有糾正這些早期形成的錯誤觀點，才會讓他們形成正確的人生態度。

當他們錯誤的人生態度形成之後，就會用實踐去證明自己思想的正確性；當他們的經歷和思想產生衝突，他們就會開始思索，讓自己的經歷和思想相一致。如果有人在思想中已經形成了這樣的觀點——他們在恥笑我、侮辱我，這些人就會尋找各種理由和事例來證明自己觀點的正確性，然而相反的事例他們則不聞不問。罪犯只顧及自己的想法和感受，他們有自己的認知方法，並且對與他觀點相反的事漠不關心。所以，我們必須對他們人生態度形成的原因進行分析，才能真正幫他們解脫。

①體罰的無效性

其實，對罪犯的體罰不會產生任何作用，這樣不但不會取得他們的合作，反而會讓他們對這個社會更加痛恨。也許在上學的時候他們就有過這樣的經歷，他們開始變得越來越不合作，從而成績下降甚至成為班裡的小混混。所以，他極度討厭體罰。這樣會對他的合作精神有促進作用嗎？這樣只會讓他感覺更加失望，他會以為所有的人都會與他為敵。試問，誰想在一個充滿斥責和謾罵的地方久待呢？

如果孩子對自己不再有信心，就會對功課、同學、老師產生排斥心理。他就會逃離學校，到沒有人認識他的地方去生活。在那裡，他遇見了和自己有著相似經歷的孩子們。只有那些人不會責罵他，反而會理解他、同情他，給他以肯定，這樣就會讓他覺得自己還有「希望」。因為對社會失去了興趣，所以痛恨社會上的所有人，在他的心裡只有和自己「同病相憐」的人才是朋友。那些人喜歡他，所以他也喜歡與他們在一起。就這樣，這些孩子就慢慢步入了犯罪的道路。如果在管教他們的時候，我們仍然採取這樣的措施，他們就會認定我們是他們新的敵人、只有那些罪犯才是真正的朋友。

我們不應該讓生活將他們擊倒，更不能讓他們對一切失去希望。如果在學校我們給這些孩子希望和鼓勵，他們就很有可能不會步入歧途。對於這一點，以後我會詳細論述，現在我想舉例說明為什麼在罪犯的心中懲罰就是與他們為敵。

體罰沒有用處還另有原因。很多罪犯並不珍惜生命，他們往往在很多時候想到了自殺。所以這時，不管體罰還是槍斃，對他來說都沒有任何懼怕。在他們看來，很多事物都是挑戰，體罰亦如此。他們想讓自己比員警強，所以即使體罰他們也不會感到絲毫疼痛，這也同樣是他們應對挑戰的一種方法。如果以強制的方法對待罪犯，他們就會勇敢地對抗，這樣做只會讓他們形成和員警一決高下的思想。

這就是他們對待一切事情的思考模式。他們認為自己與社會間的衝突會連綿不斷，在這種衝突中他們想取得成功，然而如果我們同樣是這種思想的話，就正好順應了他們的意願。有時，坐電椅同樣是一種挑戰。罪犯會認為員警就是可怕的怪物，他們要勇敢地與之搏鬥，這樣的處罰越重，他們就越想讓自己取得勝利。很多罪犯都有這樣的思想。那些即將被處以殛刑的人們，在接近死亡的幾個小時中常常會想：「我怎樣做就不會被他們抓住了？如果不是我將眼鏡落在了那裡就好了。」

②培養合作精神

我曾說過，不要讓孩子失去自信，這樣就會讓他們認為自己不如別人，所以沒有與人合作的必要。在面對人生中的難題時所有的人都應該勇敢面對。然而，罪犯選擇的處事方法是錯誤的，所以我們要告訴他們錯誤的理由和錯誤觀點形成的原因。並且，我們要鼓勵他們去關心他人、與人合作。如果人們都明白了，犯罪是軟弱而非勇敢的表現，那麼罪犯便不能為自己的行為尋找到充分的理由了，以後也就不會有孩子去犯罪了。在犯罪的案例中，不管所說的是否正確，我們都不能懷疑一點：童年時期對人生態度和合作精神的發展有很重要的影響。

在此我想說，合作能力並非天生具備，而是後天培養的。合作的潛力可能是天生就有的，但是這種潛力人人都有。只有經過後天的培養，我們才會讓合作精神得到盡情發揮。其餘所有關於犯罪的觀點，對於我來說都是沒有用處的，除非有人證明一個具有很強的合作精神的人仍然走上了犯罪的道路，然而至今，我都沒有見過或聽過這樣的事例。所以，培養合作精神可以很好地預防犯罪的發生。如果不知道這一點，要想制止犯罪就只能是空談。

教人合作和教人課本知識是一樣的，因為他們都是可以授之於人的真理。一個孩子如果在考試之前沒有做好準備，結果必然不會是好的。同樣，無論孩子還是成人，如果沒有對合作精神進行過培養，他就不會充分發揮自己的合作潛能。只有懂得了合作的知識，才可以解決一切問題。

對於犯罪問題的討論我們即將結束，我們必須勇敢面對這一事實。在上千年的探索中，我們仍沒有找到正確的方法，人們用盡辦法之後仍然沒有得到滿意的答案。如今，藉由研究我們已經發現，那是因為曾經沒有人幫助我們尋找錯誤的人生態度形成的原因。如果不對這方面進行分析，我們就永遠都不會解決這個問題。

如今，我們既有了知識，又有了經驗。在指導犯人改造的過程中個體心理學會為我們提供幫助。但是，不妨設想一下，以這種方法去改造犯人將是多麼艱難。可是很悲哀，在現實生活中，在大多數人面對難以解決的困難時，都會將自己的合作精神收縮起來，這就是在世事艱難的時候犯罪率升高的原因。所以，我想，如果我們真的想用這樣的方法去防止犯罪發生，就要對大部分人進行教育。但是，要讓那些犯罪的或有犯罪潛意識的人了解到：人人都有可能成為社會的棟樑之才是不大可能的。

③可行的措施

此外，我們還需要做很多事情。如果我們無法一個個地去指導那些犯人，就去為那些壓力巨大的人們提供一些幫助，比如讓那些缺乏知識的人和失業的人得到一份工作，這樣起碼可以讓那些人繼續保留最後的那點合作精神。毋庸置疑，這樣做的話定能使犯罪率減少。我不知道現實中能不能不讓人們再受到經濟的約束，但是我們應該朝這個方向努力。

我們還應該為孩子將來的就業做好培訓。這樣在生活中遇到挫折，他們也會有所準備，在面對生活中的問題時，他們才會有所準備，在面對職業問題時，他們才會更加輕鬆。對於罪犯，我們同樣應該採取這樣的措施。其實我們已經在這些方面採取了一些措施，也許還需要加大力度。雖然對罪犯進行單獨改造並不現實，但是進行集體培訓也是可行的辦法。比如，我們可以和他們在一起展開一個話題進行討論，並向他們提出各種問題，然後藉由他們的回答去一一開導，糾正他們思想中的錯誤因素，讓他們形成正確的人生觀。我們應該告訴他們：沒有必要把自己拘泥於各種條條框框之中，放開自己的思想，面對生活中的困難。我想，這樣也定會帶來不錯的收益。

同時，針對那些將一切事物都看成挑戰的窮人或罪犯們，我們應該幫助他們擺脫這種思想。如果人們之間貧富差距過大，窮人便會憤憤不平、心生嫉妒。所以，我們盡量不要過於奢侈、炫耀。

在此我們已經明白，對於智障兒童和少年犯，懲罰是不產生任何作用的。他們與社會是一種對抗的態度，所以思想就會變得消極。罪犯身上同樣有這種現象。我們可以看到全世界的普遍情形：員警、法律、法官都在和罪犯做對，這樣自然會引起他們的反抗心理。所以，威脅沒有任何用處，我們不妨試著不提及他們的姓名和罪行，也許會取得良好的效果。看來，我們需要改改對罪犯的態度了。但是，不管態度好與壞都無法使犯人徹底改變，只有從根本入手才能得到解決。我們應該人性化地對待罪犯，而不是用死刑去恐嚇他們。死刑只會讓氣氛變得更加僵硬，因為有些罪犯在臨死前還在想是因為自己的食物才導致了被捕。

如果破案率再高一些，對我們的研究也是有好處的。據我了解，落入法網的罪犯只有實際案件一半的比例，這樣就致使其他犯罪份子更加變本加厲，作案卻未被抓住，無疑是讓他們增加了作案經驗。如今，我們在這一點上已經有了一些進展，且一直在向前發展。還有一點也極為重要：罪犯不管在獄中還是獄外，都不要再受到侮辱。如果可以，我想應該增加緩刑的監管人員，當然，這些監管人員必須對社會問題和合作問題有透徹的了解。

④ 預防的方法

如果在未來的某一天，我的想法真的實現了，那麼成果必定會更好。但是，這樣仍不能大量減少犯罪的數量，還好，還有另一個可以隨時利用的實用有效的方法。如果我們讓孩子們的合作能力得到充分發揮，讓他們成為社會關注的焦點，也會減少犯罪的發生，並且久而久之定會產生不錯的效果。這時，誘惑和唆使將對這些孩子失去作用，他們即使遇到了難以解決的問題，也仍會保持著自己的合作與關愛精神，與我們相比，他們的處事能力和合作能力一定會更加成熟。

很多犯罪份子都是在年紀很輕的時候就走上了犯罪的道路。一般來說，十五歲到二十八歲的孩子犯罪率是最高的。所以，我敢肯定地說，我們的努力很快就會見到成效的，如果孩子受到了正規的教育，一定會影響整個家庭。對於父母來說，最欣慰的事就是培養一個志向遠大、樂觀向上、自強自立、全面發展的孩子。如果孩子得到了正確的培養，那麼合作精神就會遍佈全球，人類也會發展到一個新的高度。我們不但要影響孩子，還要關注影響父母和家長的因素。

接下來，最後一個問題就是從哪裡入手最好，且應該採取怎樣的方法培養孩子解決困難的能力。我們需要培訓他們的父母嗎？當然不，這樣並不可行。與之父母面對面我們很難做到，並且那些真正需要培訓的父母更不會接受我的意見。所以，我們只好另尋他路。那麼，將這些孩子集中起來，即時監視他們的行動，不讓他們隨便外出呢？當然更不行。

其實，解決這一問題有一種很實用的方法：動用老師的力量。我們可以訓練老師，讓他們培養孩子的社交能力，並糾正他們在家裡養成的錯誤觀念，從而使他們培養自己的興趣，關注他人。這應是學校自然的發展方向。正是因為家庭不能解決孩子人生中的所有問題，所以才有了學校。那麼，我們為什麼不利用學校讓孩子提高自己的社交能力和合作能力，讓大家為人類的幸福共同進步呢？

總之，在文明的現代社會中，我們所享用的一切都是那些為人類做出貢獻的先輩們留給我們的。如果我們互相之間沒有合作、沒有感情、沒有奉獻，人生只能是一片荒地，也不會遺留下有用的東西。只有甘於奉獻的人，才會有所成就，並為後人所銘記。如果我們在這一基礎上教育孩子，那麼他們長大後必定願意與人合作。即使遇到困難，他們也不會畏畏縮縮，而是勇敢面對，不損害他人利益，並且採取最佳辦法解決問題。

第十章 CHAPTER 10

《職業問題》

束縛人類的三種聯繫引發了人生的三大問題，這三個問題都不能被單獨處理，在解決其中任何一個問題前都必須解決其他兩個問題。第一種聯繫產生職業問題。我們在這個地球上，依賴著土地、礦物、空氣、水等物質生存，所以解決地球帶給我們的問題就成了我們人生中的重要課題。

一、平衡人生難題

束縛人類的三種聯繫引發了人生的三大問題，這三個問題都不能被單獨處理，在解決其中任何一個問題前都必須解決其他兩個問題。第一種聯繫產生職業問題。我們在這個地球上，依賴著土地、礦物、空氣、水等物質生存，所以解決地球帶給我們的問題就成了我們人生中的重要課題。一直到今天，我們都無法使這一問題得到很好地解決。在某一段時期內，這些問題似乎在某種程度上得到了解決，然而它們仍然急需發展和改進。

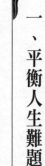

要想解決好我們的職業問題，必須先處理好另一個問題——人際交往的問題。聯繫人類的第二個因素就是要承認這樣的事實：我們都是人類中的一員，要想生存就必須和他人發生聯繫。如果世界上只有一個人存在，那他的人生態度和行為方式與現在將有很大不同。但是，我們必須聯想到其他人的利益，要使自己適應他人、關愛他人。解決這一問題的最佳方法就是形成友誼、培養責任感並與他人合作。如果人際交往的問題解決了，我們就更容易解決職業問題了。

由於人類知道了如何合作，才有了分工的意識，這也是人類幸福的一大前提。如果人們只想憑一己之力在自己的土地上謀生，從不想與人合作，也不吸取前人合作的經驗，那麼生命要想得到維持將是一個很難的問題。只有我們懂得了分工勞動，才能讓我們的各種技能得到培養，並學會組合。如此，這些不同能力的組合就成為為人類謀取利益的方式，它既可保障人類的安全，也可為更多成員提供工作的機會。當然，我們並不能說這種合作的結果已經很令人滿意，並且分工也仍然沒有達到完美的境地。但是，要想解決工作中的問題，就必須以分工為前提，將自己的力量貢獻出來，共同創造美好的未來。

生活中的一些人並沒有將工作看成人生中的一個問題，而是對此不聞不問。他們要麼賦閒在家，要麼就是只做一些與大眾關注的工作毫不相干的事情。但是，他們雖然不想工作，卻總在乞求他人的幫助。他們總是以各種方式去索取別人的勞動成果，自己卻不付出分毫。那些被寵壞的孩子就總是抱有這樣的人生態度，他們無論何時，只要遇到困難就會要求他人幫助，他們從不自己解決問題，正是這種被慣壞的孩子將人類合作的因素搞亂了，並且將自己的困境與責任壓在了他人身上。

人類的第三種聯繫就是我們的性別問題。在延續人類的過程中我們所佔的地位與我們對異性的看法和以自己性別付諸實踐的程度有關。兩性問題同樣是不能孤立存在的，和其他兩個問題一樣。要想讓我們的愛情和婚姻問題得到很好地解決，促進我們更好地發展的職業是必不可少的，除此之外，與他人的友好相處也是必需的。正如我們所見到的，如今解決這一問題的最佳方法就是一夫一妻制。對待愛情和婚姻的人生態度可以將我們在日常生活中的合作精神展現出來。

這三個問題都是互相影響的，從來不會孤立存在。只要其中的一個問題得到了解決，那麼定會有助於其他兩個問題的處理。其實，我們可以這樣說：它們是一個問題的不同方面，而這個問題則是人類必須在自己所處的環境中繁衍生息。

有時，某些職業能為人們避免與人交往和步入愛情提供托詞。在如今這個現代化的社會中，有些人常以忙碌為藉口讓自己遠離愛情和與人交往，這也成為他們婚姻失敗後的托詞。一個對工作幾近癡狂的男人總會這樣想：「我沒有精力和時間用在自己的愛情上，所以對於婚姻的不幸我不應負任何責任。」精神官能症患者也常以此為藉口逃脫自己的婚姻和人際關係。他們幾乎不和異性相處，對別人也不感興趣，只知道整天埋頭於工作之中。他們不管白天晚上，滿腦子都是工作、工作，他們把自己弄得高度緊張。所以在這種緊張情緒之下，久而久之就會出現一些精神官能症的症狀，比如胃痙攣。而這些疾病隨後便會成為他們避免社交和婚姻的另一藉口。有些人總是在不斷地更換工作，他們總是沒有確切的定位，總認為還有更適合自己的工作，結果他們只能是一事無成。

二、早期培養

① 家庭和學校影響

母親對孩子的職業興趣有著最初的影響。孩子在四、五歲時對職業的認識，將對他以後的事業發展方向有決定性作用。若有人問到我關於就業的問題，我都會問他們小時候的夢想及那時最感興趣的事情。那段時間的記憶有很大的用處，從中我們能知道他的思想是怎樣的，他的理想和人生目標也會得到顯現。之後，我還會講到關於最初記憶的重要性。

學校是培養孩子興趣的第二因素，如今學校越來越重視對學生職業方面的培訓，他們會讓學生在學校中鍛鍊動手、動腦和觀察能力，為以後的職業發展打下基礎。這種培訓和教授知識是同等重要的。但是我們應該知道，孩子所學的科目對他們的影響同樣很大。雖然有些社會上的人士總是說，我已經將在學校中學習的拉丁文或法文忘掉了，但是我們並不能因此否認教授這些課程的必要性。藉由以前所講的，我們會發現這些課程可以讓我們的興趣得到發展。如今，那些新式的學校很注重技能的培訓和手工技能的鍛鍊，這樣既可讓孩子親身實踐，又可以提高他們的自信心。

②糾正潛在錯誤

有這樣一些人，認為任何工作都不會令他滿意。他們要的其實並不是工作，而是一種安逸，一種享受。因為認為自己的人生中不會出現什麼問題，所以也從來不想著去面對問題。他們都是些被寵壞的孩子，生活中只祈求別人的幫助。

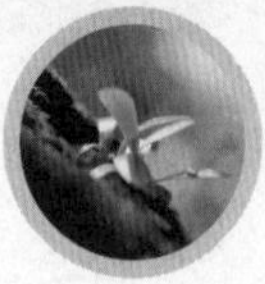

還有一些孩子根本不想領導他人，而是時時想跟隨他人，他尋找到這個領導者後，就會甘願服從他。這樣的習慣是沒有益處的，如果能讓這種人順從的性格得到遏制，我會深感欣慰的。但是如果這種習慣在童年時期得不到改變，在以後的生活中也一定不能擔當領導者的角色，他們只能是一個處處受制於人的小員工，總是順從他人。

懶惰、邋遢和散漫的習慣同樣是在童年時期形成的。當我們看到孩子總是在逃避困難時，就要用科學的方法找出其原因，並幫他們改正。假如我們生活在一個無需工作便可得到一切的星球上，那麼懶惰定會是一種好的習慣，而勤奮反而會成為多此一舉的行為。但是我們生活在地球上的事實證明，我們不得不努力工作，加緊合作，奉獻自我，這才是最合乎常理的答案。人們對這一點的理解一般都是藉由感覺來認定的，下面讓我們從科學的角度進行分析。

③ 天才與早期努力

在那些卓越的人身上我們更能明顯地看出早期培養的好處，並且，對卓越人才的分析能讓我們更深刻地了解這一問題。只有那些為公共利益做出巨大貢獻的人才會被我們稱為天才或人才，而沒有一個人稱那些沒有一點作為的人為天才。任何事情的成功都是我們人類共同合作的結果，而那些卓越之人只是將文明的水準推到了一個更高的境界。

在《荷馬史詩》中作者只提到了三種顏色，並且這三種顏色可以將所有顏色區分開來。其實，那時的人們也早已注意到各種顏色的色彩差異，但是他們卻以為這種區別不值一提，所以並沒有賦予它們一個合適的名字。那麼是誰對它們進行了區分，並給予了它們一個代名詞？顯然，是那些畫家和藝術家們。作曲家讓我們的聽覺得到了提高，讓我們懂得了怎樣去欣賞音樂。如今我們不會再像我們的祖先那樣只會發出沙啞的聲音，而是可以哼出動聽的樂曲，這些不得不說是作曲家的功勞，是他們滋潤了我們的靈魂，訓練了我們的聽覺和發音。是誰讓我們的感情變得豐富，言談變得文雅，思考變得敏捷？是詩人。他們讓我們的語言變得豐富，讓我們的表達更加生動，且使我們在任何場合都可適當地運用。

毋庸置疑，卓越之人的合作精神最強。雖然在他們的言談舉止和為人處事中我們不能看出他們的合作精神，但是從其一生成就來看，其合作精神就會顯露出來。與他們合作並不簡單，因為他們所走的路途充滿了艱難坎坷。他們走向這條道路的時候，常常會讓自己的身體變得殘缺。如果縱觀那些傑出的人物，我們就會發現，他們幾乎都有著身體的缺陷，然而即使他們有著先天的不足，也仍然靠著自己的努力奮鬥克服著種種困難。其中最為明顯的是，他們年紀輕輕就對周圍的事物產生了興趣，並且從小就刻苦勤奮，永不停歇。他們將自己鍛鍊得機智敏捷，讓自己去接觸並了解世上的各種問題。我們藉由對他們早期訓練的了解，可以得出這樣的結論：他們的卓越是後天培養的，而非天生的遺傳或先輩的恩賜。他們藉由自己的努力為後人留下了大量的傑出成果。

④培養人才

兒時的勤奮會為日後的成功奠定堅實的基礎。如果一個三、四歲的小女孩在獨處的時候開始為自己的布娃娃縫製帽子，我們看到後開始誇獎她縫得很漂亮，並且告訴她怎樣會讓帽子看起來更漂亮，在你的鼓勵下，她以後就會慢慢提高自己的手藝。但是如果你在看到她縫製帽子的時候說：「趕快將針放下，否則會傷害到你的。你根本不用自己去做，你想要的話我會給你買一頂很漂亮的。」然後她肯定會立即放下手中的活計。如果我們繼續觀察這兩個女孩的日後發展，我們就會知道，第一個女孩的手工藝會越來越好，並對勞動很感興趣；而第二個女孩根本不知道自己可以做什麼，因為她認為只要是買的東西都會比她做的好。

⑤童年志向

如果一個孩子在兒童時期就為自己的未來定下了準確的目標，那麼他的成長會更加順利。當我們問孩子長大之後做什麼的時候，總會聽到一些遠大的志向。但是，他們在回答的時候一般都是沒有經過任何考慮的，比如他們說自己想當飛行員或火車司機，卻不知道選擇這些職業的原因。這就需要我們找到孩子立下此志向的原因，發現他們努力的方向、立此志向的動力，他們的具體目標，以及他們為什麼認為自己有能力完成這項工作。其實他們的回答只能說明在他們心中這種職業是最有成就感的，然而我們可以藉由這一職業來從其他方面幫他們尋求成就感。

孩子在十二歲到十四歲的時候，對於人生的目標會有更明確地認識，可是如果此時他們還不知道自己的人生目標是什麼，我不得不說很遺憾。沒有明確的目標，並不是說他們對任何事都沒有興趣。他們也許是有志向的，但只是不想讓別人知道。這種情況下，我們一定要盡力了解他的主要興趣和他所接受過的訓練。有些孩子即使已經十六歲了，已經高中畢業，也仍不知道自己要從事怎樣的職業。這些孩子往往在學校的成績很優秀，卻不知道下一步的人生道路該怎麼走。這些孩子並不缺乏抱負，但是缺少合作精神。在分工的職業中他們並不知道該如何給自己定位，更不知道實現理想的方法。

所以，早一點讓孩子給未來職業一個定位還是有益處的。在課上我經常問孩子們這個問題，所以他們不得不細心考慮，並且也避免了他們敷衍了事或不知所措。除此之外，我也會問他們選擇這一職業的原因，他們也會實事求是地回答。從他們對職業的選擇中，我可以看到他們人生的態度。他們還會說出自己需要努力的方向和他們心中最有價值的東西。我們有必要讓他們去選擇在他們心中有價值的工作，因為任何工作都沒有高低貴賤之分。若他在自己的工作崗位上努力奮鬥，為大家做出自己的貢獻，那他就是一個棟樑之才。而他們的責任則是讓自己得到鍛鍊，自強自立，在分工基礎上實現自己的目標。

大多數人在成年之後的興趣仍然受到四、五歲時目標的影響，但是往往由於父母的壓力和經濟所迫，不得不從事自己不喜歡的職業。這也是一種早期影響的表現。

⑥早期記憶

在給一個人提供就業指導的時候，他最初的記憶也是我們需要考慮的問題。在一個人的最初記憶中，如果對與視覺相關的事物感興趣，那麼他此時就需要從事與視覺相關的職業。如果某人說他對人們的談話和風鈴的聲音很敏感，那就說明他的聽覺很敏感，那麼與音樂相關的職業也許更適合他。有些孩子也許還會說起關於運動的印象比較深刻，此類孩子常常比較好動，那麼關於體力的或者出外旅遊的職業也許更適合他。

⑦角色扮演

我們如果對孩子們的行為進行仔細觀察，就會發現，他們此時正在為以後所從事的職業奠定基礎。有很多孩子很喜歡技術或者機械，如果讓他們朝此方向發展，定會對以後的職業有所幫助。在孩子所玩的遊戲中，我們也可看出他們的興趣所在。比如，長大後想當老師的孩子，常常會把一群孩子聚集在一起，模仿老師教學的樣子。

那些想成為媽媽的小女孩常常拿著布娃娃玩耍，從而讓自己對嬰兒產生興趣。我們應該支持她們的這種做法。也許有人認為，和布娃娃在一起會讓孩子脫離現實，其實，她們此時正在培養自己履行一個母親的職責。在兒時培養這種興趣是很有必要的，因為一旦錯過了合適的年齡，就無法再提起她們的此種興趣。

我在這裡將再次提到女人對人類生命所做的貢獻，母親的功勞是應該受世人盡情誇獎的。如果一位母親對自己的孩子十分關心，極力將孩子培養成社會的棟樑，並且幫助孩子尋找他們的興趣所在，讓他們懂得與人合作，那麼這位母親就是功德無量的。在現實生活中，人們往往認為母親的角色是無關緊要的，並且認為她們所做的事也是毫無意義的。母親所付出的一切常常是不能直接得到回報的，並且一個專職的母親在經濟上還要依靠他人。但是，一個成功的家庭是需要父母雙方共同付出的，不管作為專職母親還是職業女性，她們和丈夫的重要性都是平等的。

三、影響擇業的因素

當孩子們在兒時的時候目睹過有人突然患病或者死亡，他們就會對這些事心有餘悸，使他們想長大後成為醫生或者護士。此時，我們應該鼓勵他們朝著自己的理想前進，因為據我所知，那些對自己的職業很滿意的醫生在兒時就已經對這一職業產生了濃厚的興趣。有時，對死亡的懼怕也會讓他們以另一種方式去加以彌補。比如，他們會藉由藝術類或文學類的創作使自己的「生命」得以延續，也可能成為宗教徒。

在孩子心中，最普遍的一種目標常常是勝過家庭中的某個人，尤其是自己的父母。這樣的目標價值非凡，我們也常常看到這樣的事例。並且，如果孩子想讓自己的成就超越自己的父母，父母的經驗就會為其提供一個很好的基礎。如果父親是員警，孩子也許想成為法官或律師。如果父親是醫院的職員，孩子也許想成為醫生或者護士。如果父親是老師，孩子可能想成為教授。

如果一個家庭對金錢的重視程度超過其他，那麼孩子很可能會以薪資的多少來衡量所從事職業的高低。這種錯誤極其嚴重，因為這樣無法使孩子形成為人類奉獻的價值觀。如果在孩子心中認為錢才是最至高無上的，那麼他們就會拋棄與他人的合作，只謀求自己的利益。如果他把錢作為自己唯一目的的話，那麼利用一些不法手段去取得錢財也就不足為怪了。假使他們不會走上犯罪的道路，心中還稍微留有一些責任感，當他們變得富有時，對社會和他人也不會有多大益處。在如今這個複雜的社會中，以不法手段走上「致富之路」的人很多。有時，一條犯罪的道路從某些方面來講竟然成為了「成功之路」。我們並不能肯定有著正確人生態度的人一定會成功，但是我卻相信，他們永遠精神煥發，自強不息。

四、解決之道

要想解決兒童問題，我們首先要找到他們的興趣所在。只有做好這一點，才能更好地幫助和鼓勵他們。當年輕人不知自己如何選擇職業和中年人在職場不順時，我們就需要幫助他們找到他們的興趣，並真誠地為他們提出建議，給他們以正確地指導。這並不是一件容易的事。如今，失業人數的增加引起了人們的注意，可見我們所處的環境並不利於我們精神的提升。所以，我想只要認識到合作的重要性的人都應該消除此種現象，讓每個人都得到一份自己滿意的工作。

針對這種情況，我們可以藉由開辦培訓學校、技術學校和成人教育來加以改變。很多人失去工作都是因為沒有一技之長。這些人從沒有對生活和社會產生過興趣。社會中有許多無所事事或對公共利益不屑一顧的人，只能說他們是社會的一種負擔。這些人知道自己沒有任何優勢，也幾乎沒有價值可言，這就致使很多文化程度較低的人經常走向犯罪的道路，或者成為精神病患者和自殺者。因為他們受教育的程度很低，所以他們總是居於人後。這就需要我們的家長、教師和所有注重人類發展進步的人，要讓自己的孩子受到良好的教育，讓他們在長大後可以為自己找到正確的位置。

如果一個家庭對金錢的重視程度超過其他，那麼孩子很可能會以薪資的多少來衡量所從事職業的高低。這種錯誤極其嚴重，因為這樣無法使孩子形成為人類奉獻的價值觀。

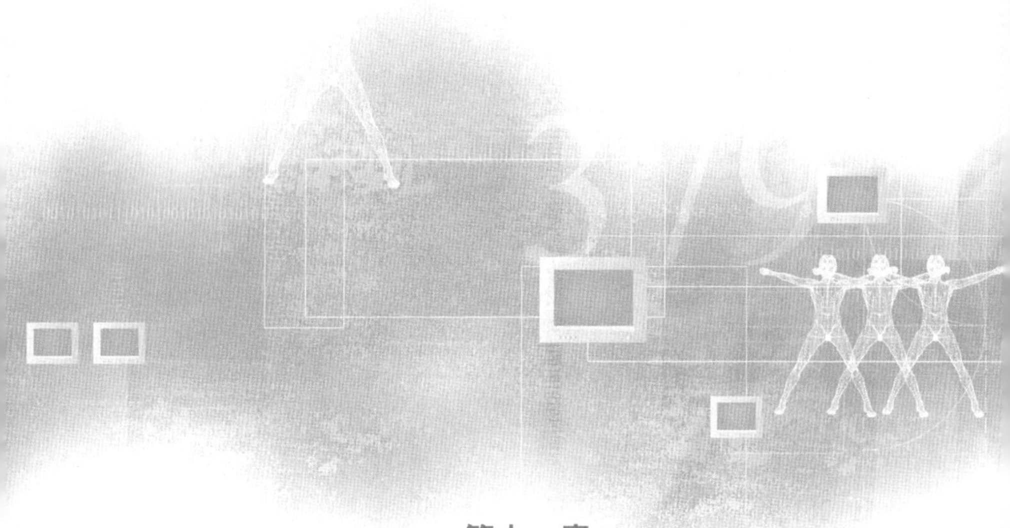

第十一章
CHAPTER 11

《個體與社會群體》

與同胞建立共同的友誼，是我們人類最初的願望之一。正是因為有了朋友之間的相互關心，我們人類才得以發展。即使原始社會亦是如此，他們同樣會用統一的標誌將同族人召集在一起，建立互助互愛的關係。

一、增進合作

與同胞建立共同的友誼，是我們人類最初的願望之一。正是因為有了朋友之間的相互關心，我們人類才得以發展。在一個家庭中，相互的關心愛護更是必不可少的。縱觀歷史，不管哪朝哪代，我們都會看到一個大家族相親相愛的情景。即使原始社會亦是如此，他們同樣會用統一的標誌將同族人召集在一起，建立互助互愛的關係。

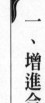

① 宗教的角色

宗教信仰的雛形應該就是圖騰崇拜。有的部落會把蜥蜴當作圖騰，而有的部落則可能把公牛或蟒蛇當作圖騰。有共同圖騰崇拜的人會聯合在一起共同合作，他們也會將其中的成員都看成自己的同胞。在原始部落中，這種方法可以很好地讓人類之間保持共同協作。每逢原始宗教的祭祀日，有著共同圖騰崇拜的人就會聚到一起，討論今年的收穫以及預防外敵和自然災害的方法。

當時的婚姻被認為是一件關係整個部落利益的事情。每個男人都要按照部落的規則，在部落外尋找結婚對象。即使在社會發展的今天，婚姻也不是個人的事，而是全人類都共同參與的事情。婚後，雙方都要承擔自己的責任，這是社會賦予他們的義務。並且社會還希望他們生出健康的孩子，然後共同撫養。所以，全人類對婚姻的態度一貫都是支持。雖然在我們看來，原始社會中用圖騰、風俗和一些制度去約束婚姻是十分荒謬的，但是我們並不能低估婚姻在那時的作用，其為人類之間的合作做出了巨大貢獻。

在基督教中，有一條重要的法則：「愛你的鄰居」，從這裡我們可以看出人類為了同類之間的合作所做的努力。有趣的是，從科學的角度來說，這種觀點也是很有價值的。一個被過分寵愛的孩子也許會問：「為什麼我要愛我的鄰居？我的鄰居愛我嗎？」從中我們可以看到他們合作精神的缺乏和自私自利精神的主導。那些對他人冷漠的人，往往會遇到人生中最難解的問題，也會最大地傷害到他人的利益。這一類人最終往往都是失敗者。很多宗教或團體都有自己宣導合作的方法，我對那些將合作當作人生目標並為之努力的人表示深深的敬意。爭吵、批判或貶低對方都是沒有任何意義的。我們還弄不懂什麼是真正的真理，因為有無數條道路可以讓人類達成合作的願望，然而哪條是最合適的，我卻不敢肯定。

②政治運動和社會活動

我們都知道，世上的政治制度多種多樣，但是無論哪種制度，無論由誰執政，若缺少了合作精神，都不會有所作為。所有的政客都會把促進人類發展當作最終目標，人類進步從某一方面來說便是讓人類具有更高的合作精神。我們總是無法得知到底哪個政黨會帶我們走向合作的更高層次，因為他們的人生態度不同，所用方法也是不盡相同的。但是如果一個政黨可以讓黨內成員合作得更好，我們就可以認定它是好的。對於社會上那些不同的活動，我們也總是這樣去判斷。如果這些活動的參與者，目的只是讓他們的孩子成長為國家的棟樑，讓他們有更強的責任感，並尊重自己國家的文化和傳統，且按照自己認為最理想的方式去改變或修訂法律，那麼他們的努力就是有益的。階級運動同樣是以促進人類發展為目的，同樣是團體的合作運動，我們不應片面地去反對。

所以，我們判斷階級活動是否進步的標準就是看其是否會促進人類的發展和人類的合作。促進合作的方法多種多樣，有些方法也許並非正大光明，但是只要其目的是促進人類合作，我們就不應該因為方法不正確而加以排斥。

二、興趣缺失與溝通障礙

①利己主義

我們堅決反對某些人自私自利的態度。無論對個人還是集體來說，這種人都會產生一種阻礙作用。只有和周圍的人互助互愛，才能促使人類向前發展。與人交流的方式首先就是要說話、讀書、寫字，而語言是人類共同努力的結果，也是人們交流的產物。相互理解是人類之間的事而非個人之事。理解的內涵即藉由與人分享去弄懂其中的涵義。

世界上總有一些人，一直以追求自身利益為目標，只想讓自己得到發展。在他們眼中，人生存的意義就是為了謀求個人利益。但是，這種觀點卻不被大多數人接受。所以，我們會發現，這樣的人根本不能很好地和周圍的人溝通。當我們遇到這種只想到自己利益的人，定會在他們臉上尋找到鄙夷和迷茫的表情，就像在罪犯和精神病人臉上發現的一樣。他們從不會用眼神與人交流，甚至對世界的感知能力也與常人不同。這樣的人往往對周圍的人嗤之以鼻，他們從不關注對方的表情和眼神，而是將目光移向他處。

② 精神障礙

在與精神官能症病人溝通的時候，我們就常常遇到此類問題。這種人很難與他人溝通交流，其主要原因是對他人沒有任何興趣。所以，他們常常會出現一些強迫的症狀，比如臉紅、結巴、陽痿、早洩等等。

自閉症最嚴重的程度就會成為精神病。對於精神病患者而言，如果在他人的幫助下能夠讓他對別人產生興趣，那麼也並非無法治癒。只是這種病人和單一的自閉症患者而言，內心更疏遠社會而已，此時可能只有選擇自殺的人能夠與之相比。所以，治癒這種病是難上加難。我們首先要讓病人和我們合作，而要做到這樣，就只能依靠我們的善良和仁慈之心加以耐心引導了。

我曾被邀請去治療一個患病八年的精神分裂症女孩，她從第七年開始才被送進精神病醫院。那時的她已接近瘋狂狀態，她學狗狂叫，到處吐口水，扯自己的衣服，曾經還想將手帕吞進肚子，從她的狀態中能知道她幾乎失去對任何人的興趣。在她的心裡，母親待她就像一條狗一樣，所以她只想當一條狗，其實這也很容易理解。她的行為似乎在說：「越接觸你們這些人，我就越想讓自己成為一條狗。」我和她聊天一直聊了八天，可是她一個字都沒說。我繼續和她談心，直到一個月之後，她才說出了一些混亂不清、常人不能理解的話語。我對她的友好，給了她很大的動力。

這種病人即使因為別人的鼓勵而有了勇氣，他們也不知道該如何去做，因為他們內心對周圍人的排斥感太強。從她的身上我們可以猜到，她想面對生活卻不想合作所表現出的行為。她會像一個問題兒童，想盡一切辦法去製造麻煩，比如摔東西、襲擊醫生。在我和她聊天的時候，她就曾襲擊過我。我不得不去想該如何應付了，結果我沒有任何反抗的表現，這讓她深感意外。女孩的手勁並不大，我接受著她的捶打，並繼續用友好的眼神望著她。我的表現顯然出乎她的意料，所以她就不再繼續，反抗的情緒也慢慢消失了。

我雖然將她的勇氣喚醒，但是她仍不知如何去做。她將我的玻璃杯打碎，然後用

碎片將自己的手指割破。對她的行為我沒有絲毫責備的意思，反而幫她把受傷的手指包紮好。一般人遇到這種事情，常常是將他們關起來，可是這並不是治療她的最佳辦法。對於治療和女孩類似的病人，我們要採用不同的方法。如果對待精神病人和對待常人使用的方法相同，那麼你就犯下了一個很大的錯誤，因為精神病人和正常人做出的反應大不相同，所以常常將我們激怒。其實，對待他們最好的辦法就是，當他們有不吃飯或者撕扯衣服的類似舉動時，不要呵斥，應該任其而為。

後來，這個女孩被治癒了。一年之後，她仍然沒有表現出任何病態。有一天，我在去她住過的那所精神病醫院的路上，遇見了她。

她問我：「你要去哪兒？」

我說：「你和我一起去吧！我要去那所你曾待過兩年的醫院。」所以我們一起去了醫院，我們見到了曾為她治療的醫生，我在給其他病人看病時，我讓那個醫生陪她聊會兒天。可是，當我再回來見到他們的時候，我發現了那位醫生臉上的不悅。

他說：「她的確完全康復了，可是她不喜歡我，這讓我很生氣。」

在後來的十年時間裡，我時常遇見那位女孩，她已經沒有了任何不正常的反應。她可以賺錢養活自己，與他人相處也很融洽，別人都看不出她曾是一個精神病患者。

從妄想症和憂鬱症患者的身上我們可以更明顯地看到與人疏遠的現象。妄想症病人會抱怨所有的人，他認為別人都聯合起來與自己對抗。憂鬱症的患者則過於自責。比如，他們總說「是我毀壞了我的家庭」或「我的錢全丟了，我的孩子一定會挨餓」。然而，雖然這個人一直在責備自己，但那不過是用來演戲的而已，其實他責備的是別人。

有一個頗有影響力的女人，在經歷了一次意外後，無法再繼續她的社交活動；而她的三個女兒都已出嫁，所以她感到異常孤單。與此同時，她的丈夫又去世了。從前，她一直是被人寵愛的人，她想找回失去的一切。她開始環遊歐洲，可是她再也感受不到自己之前的那種重要地位，於是在國外的時候，她患上了憂鬱症。對處在這種環境的人來說，憂鬱症是對她極大的考驗。她給女兒們發了電報，讓她們來看她，可是每個人都有自己的理由，誰都沒來。她回到家後，就開始嘮叨一句話：「女兒們對我都很好。」女兒們讓她一個人住，為她請了保姆，只是偶爾過來看看。她說的那些話其實是對女兒們的一種責備，了解內情的人都明白。憂鬱症患者對別人的怨恨和責備，其實只是想得到一種關愛和同情，病人只好對自己的罪過表現得很失望和無奈。憂鬱症病人最初的記憶常常這樣：「我記得自己將要躺在一把長椅上，我的兄弟過來搶佔了它。所以我就開始哭鬧，最後他只好讓給我。」

憂鬱症病人常常選擇自殺來對他人進行報復，所以醫生首先要做到的就是，不要為他們的自殺提供任何理由。我自己解決這類問題時，總愛說這樣一句話：「任何時候都不要做你不喜歡的事。」這看似微不足道，可是卻能觸及問題的本源。如果一個憂鬱症患者可以為所欲為，他還有什麼可以責備的呢？他還要報復誰呢？我對他說：「如果你想去戲院，或者去度假，那就去吧。如果走到半路你又想回來了，那就不要去了。」

這是任何人都可以達到的境界，這樣可以使他對優越感的追求得到滿足。他覺得自己像神一樣，想做什麼就做什麼。但是，這種境界卻很難與他的人生態度相一致。他一直想控制別人，可是如果人人順著他，他就沒必要去控制他人了。我採取的這種方法很有效，並且我的病人中沒有一個人有過自殺行為。但是，最好的辦法是找人看管他們，但是卻不能對他們嚴加看管。只有有人在旁邊照顧，病人就不會有危險了。

當我提出自己的意見時，病人常說：「可是我沒有什麼喜歡的事可以做。」我對此早有準備，因為我已聽過太多這種話。我說：「只要不做你不喜歡的事就行。」有時病人也會這樣說：「我只想每天在床上躺著。」我知道如果我建議他這麼做，他肯定不會這麼做。如果我阻止他的行為，他就會與我對抗。所以我使用的方法之一就是順著他的意思說。除此之外，還有一種直接挑戰人生態度的方法，即我對他說：「只要你照我的意思辦，我保證你會在兩週之內好起來。切記：每天都要想辦法讓別人快樂。」

想一下，我這樣做會怎樣？平時他們滿腦子想的總是：「我怎樣給別人添麻煩。」

他們的回答會很可笑。有的人說：「這很簡單呀！我一直都是這麼做的。」

當然，實際上，他們並未這麼想過。我想讓他們好好思索這個問題，可是他們卻不會照我的意思去做。我對他們說：「在你不睡時，你可以想想怎樣讓別人開心，這樣做很有利於你的康復。」

當改天我再問：「你們考慮我的建議沒有？」他們卻說：「做完一回家就睡著了。」當然，與他們交流、溝通的時候我們一定要和藹、友善，不能有任何訓斥的意思。

有些人會說：「我從來沒想過怎樣讓別人快樂，我自己還煩著呢。」我會說：「那你就繼續煩吧，不過有時間的時候還是要考慮一下別人的。」我想讓他們把興趣轉向別人。

也有很多人會說：「我為什麼要讓別人開心？他們也沒有讓我開心呀！」我答道：「可是你必須想到自己的健康，如果你不為別人著想會使你受到傷害的。」據我所知，幾乎很少有病人會說：「我仔細想過你的建議了。」我所做的一切都是想讓病人增加對社會交往的興趣。我知道他們得病的原因主要是缺乏與人合作，我同樣想讓他們知道這一點。只要他可以在平等合作的基礎上與人交流，他就可以康復了。

③過失犯罪

社會交往的欠缺還會引起另一種情景，即過失犯罪。比如，一個男人因為扔了一根還燃著的火柴而引發一場森林大火。或者一個工人將一段電纜曝露在地面就回家去了，結果一輛摩托車經過時撞了上去，司機當場死亡。在這兩個案例中，肇事者並非真想害人。從道德上講，他們似乎並沒什麼責任。可是從安全方面來說，他不能自覺地考慮到他人的安全而採取防範措施，也是一種缺乏合作精神的表象。有關此類事例，我們還常看到某些人故意踩了別人的腳、摔碎了杯子、弄壞了公共物品等損人不利己的事情發生。

三、社交興趣與社會平等

家庭或學校是培養孩子合作精神的場所。對於阻礙孩子成長的因素我們之前已經說過。也許社會責任感並不是遺傳所致，但是社會責任感的潛能卻和遺傳有著密切的聯繫。影響這種潛力發展的因素有：父母培養孩子的技巧、對孩子的關心程度、孩子對周圍環境的判斷等。如果他認為周圍的人都是仇敵，他認為自己被一群敵人時刻包圍著，他肯定不會交到朋友，也不會有人把他當作朋友。如果他覺得周圍的人都應該受他的驅使，那麼他想到的也不是如何幫助別人，而是如何控制別人。如果他只關注自己的感覺或身體上的不適，那麼他就不會敞開心扉與人交往。

我之前已經說過為何孩子要把自己看成家庭中的一員，並對其他人懷有關愛之心。

我們還講到父母間應和諧相處，並將這種和諧和友好延伸到家庭外。這樣就會讓孩子覺得家人和周圍的人都一樣值得信賴。我們還說，在學校讓孩子認為自己是班級中的一員，同學之間都是好朋友，他們的友誼是可靠的。家庭和學校的交往，都是為以後步入社會做準備。家庭和學校的責任就是把孩子培養成社會中的一員，讓其成為人類平等中的一員。只有在這種情況下，他才會有勇氣和信心面對挫折，才可以做有益於社會的事。

如果一個人是眾人的朋友，並將有益的工作和美滿的婚姻貢獻給社會，那麼他自身就不再有自卑感和挫敗感。他會覺得自己生活在一個自由自在、充滿愛心的世界中，他所見的都是自己喜歡的人，當遇到困難時會有人與其一起承擔。他會覺得：「這個世界是我們共同的世界。我們必須事事付諸行動，不能觀望退縮。」他應該明白，現在只是歷史長河中的一個小小的階段，而自己則屬於人類的過去、現在和未來的整個過程的一部分。他也會感受到，此時正是自己完成開創性工作、為人類貢獻力量的時候。世界上的確有很多罪惡、挫折、不公和磨難，但這是我們的世界，無論善惡美醜，這都是不爭的事實。我們在這裡工作，要讓它更加美好。我可以肯定地說，如果人人都可以以正確的態度面對自己應該承擔的責任，就不會辜負自己肩負的歷史使命。

擔負起自己的職責，也就意味以合作的態度承擔起解決人生三大問題的責任。我們對一個人所提出的最高要求和給予其的最高榮譽就是：在工作中是位好員工；在朋友中是個好夥伴；在愛情和婚姻中是個好伴侶。總之，一個人應證明自己是人類忠實的朋友。

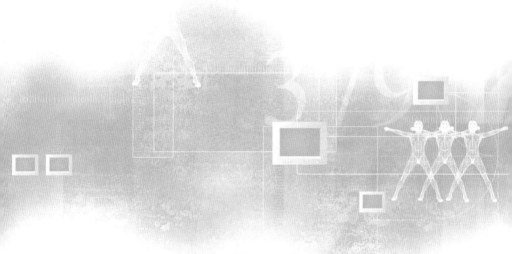

第十二章
CHAPTER 12

《愛情與婚姻》

愛情的結果是婚姻，他們都是一方對另一方的付出，主要表現方式為以身體去吸引對方、兩人相伴終生並延續後代的行為。

一、愛情、合作與社會興趣的重要性

據說在德國的某一地區，一直流傳著一個古老的習俗，它可以測定未婚男女是否適合在一起生活。在結婚前，他們會被帶到一片空地上，在那裡放著一棵被砍倒的樹。有人會將一個兩人拉的鋸子放到他們手中，讓他們把眼前的樹鋸為兩截，由此，可以看出他們之間的合作默契度。這項工作需要兩個人才能完成，如果他們之間沒有默契，只會白費很多力氣，所以很難做到。如果一個人想把事情獨攬下來，那麼時間則會延長兩倍。所以兩人必須共同用力，互相配合。在這一地區的人們認為這是幸福生活的前提。

如果有人要我解釋什麼是愛情和婚姻，我將會做如下回答，可能這一答案並不完整：愛情的結果是婚姻，他們都是一方對另一方的付出，主要展現方式為以身體去吸引對方、兩人相伴終生並延續後代的行為。愛情和婚姻需要合作，這不單是為了雙方的幸福，更是為全人類的幸福。

愛情和婚姻是為了全人類的幸福所完成的合作，它可以貫穿這一主題的方方面面。即使是人類最原始的肉體吸引，也是必不可少的。我之前提到，正因為人類受著各方面的約束和限制，所以無法在地球上永存。而想要人類一直延續的方法就是繁衍生息，所以身體的吸引和生育能力是人類不可或缺的因素。

當今時代，對於愛情的闡述不盡相同，其中所遇到的問題也大不相同。已婚男女會遇到各種難題，並且又受到父母的關注，所以他們的難題會對整個社會產生影響。要想解決這些問題，就不能對事物的分析存有偏見。我們必須公正地討論這一問題，不要讓其他的一切因素干擾我們這場自由而全面的爭論。

然而，我並非指要把愛情和婚姻完全孤立起來加以分析。在處理此問題時，我們不可能不受任何約束，也不可能完全憑個人想法去解決。人人都會受到環境的限制，所以我們解決問題時也要考慮環境的因素，並與之適應。正如我們之前分析人生的三大制約時一樣：一、我們生活在地球上，就必須適應這個環境，並在這樣的環境中生存；二、我們和他們共同生活在這個社會中，所以必須與人相處；三、人類由兩種性別組成，人類的延續和發展必須依賴於兩性關係的良好發展。

由此可見，如果一個人將其生活的意義歸於對他人和社會的謀取利益，那麼他做任何事情的時候會首先想到他人，在愛情和婚姻的問題上他同樣會想到這是一個關係整個人類的問題。他雖然這樣做，但可能自己並未意識到，如果你問他這樣做的原因，他可能不知如何作答。但是，他一直在無意中為人類的幸福做著貢獻，這種行為已經出現在他所有的行動之中。

有些人對人類的幸福極度漠然。他們從不會問：「我可以為他人做些什麼？」「我如何才能成為社會中的優秀人物？」而是常常問：「我可以從中得到哪些益處？我得到的關心夠多嗎？我是不是贏得了他人的關注？」一個持此種態度對待人生的人，對愛情和婚姻的問題同樣如此。他會想：我怎樣才能遠離這個麻煩？

有些心理學家認為，愛情是人的一種本能，然而事實並非如此。也許我們可以說性行為是一種本能，但是愛情和婚姻並不只是滿足性的欲望而已。如今，我們越來越發現，人類的各種衝動和本能也在不斷進步，比以前更加文明和高尚。我們逐漸摒棄了一些粗俗的欲望和愛好，比如，我們在處理婚姻問題上，學會了怎樣才能避免爭吵。我們也學會了衣冠整潔，禮貌待人。即使我們饑餓之時，也不會不顧一切地狼吞虎嚥，而是讓禮儀和文雅擺在了前面。在文明的促使下，我們的衝動受到了抑制，從中看到了人類對於社會的和諧所做的貢獻。

如果我們把這種認知應用在愛情和婚姻問題上，就會發現，它牽涉到了大眾的利益。如果在婚姻中只考慮某一方面是不能徹底解決問題的，不管是做出協商、讓步還是做出新的規定，最終我們發現還得考慮整體的利益。也許我們已經找到了不錯的解決辦法，找到了令人滿意的答案，但是我們也一定考慮了這一因素：地球上的人類由男女兩種性別組成，並且他們必須合作才能更好地生存。只要我們將這一因素也加以考慮，那麼得出的真理就經得住所有的考驗。

① 平等的夥伴關係

我們研究這一問題之前就會發現，原來婚姻是一份需要兩個人共同合作的工作；並且對於很多人來說，這一工作是全新的。在婚姻之前，我們已經學會了自立，融入團體，但是夫妻相處的學習還是接觸較少的。所以，解決這一問題定會有一些困難。若雙方都互相傾心，這一問題相對來說就會容易解決，因為他們總是主動給與對方關心。

其實，我們可以這樣認為，為了讓夫妻間的關係更加和諧，我們需要給對方更多的關心，甚至勝於對自己的。只有這樣，我們的婚姻才會真正美滿幸福。這樣我們就可以更清楚地看到在婚姻中自己所犯的錯誤。如果對對方的關愛勝於給自己的，那麼他們之間就是平等的。如果兩方都將心奉獻給對方，就不會有所約束或存有自卑感了。但是，要想真正平等，雙方必須都持這樣的態度。只有我們努力為對方付出了，對方才會有安全感，才會認為自己是被需要的。再次，我找到了婚姻幸福的基本前提：你是最有價值的，你被我所需要，你是很優秀的，你既是我的伴侶又是我的朋友，這雖只是一種感覺，卻需要用行動說明。

在婚姻的合作中，任何一方都不想讓自己處於附屬地位。如果一起生活的兩個人，總有一個在支配或強迫著對方，那麼他們的幸福並不存在。在現在的社會中，很多男人甚至女人還一直認為，男人應該是一家之主，是對女人進行統治的。這也就是很多婚姻不幸福的原因。任何人都不想毫無理由地附屬於他人之下。所以夫妻雙方只有地位平等，才能夠共同克服生活中的困難。比如，在延續後代的問題上他們需要達成一致意見。如果他們不想要孩子，人類就不會得以發展。在子女教育的問題上他們仍然需要達成共識，當婚姻中出現裂痕時，他們要想方設法補救，因為不幸的婚姻對子女的健康成長沒有任何益處。

二、婚前準備

如今，很多夫婦都對婚姻中雙方的合作毫無準備。我們總是過於關注自己的成功，關注生活給予我們的利益，而不去想我們給生活帶來了什麼。兩個人結婚後，就需要他們彼此以誠相待，緊密無間，但是如果他們不能做到彼此真誠相對，後果將非常嚴重。因為多數人是第一次接觸這種關係的合作，所以總不能馬上讓自己去為對方的興趣、目標、理想著想，他們並沒有做好足夠的準備共同應對生活中的難題，其實這也可以理解。由此我們對生活中的錯誤就能夠加以解釋了，但是現在我們要做的是認清事實，讓這種錯誤不再發生。

① 生活方式和父母的婚姻態度

如果沒有經過訓練，成年生活的危機總會令我們手足無措、無從下手，因為我們對於危機所做出的反應始終與我們的人生態度相適應。我們對於婚姻的準備也不是一蹴而就的。觀察一個孩子的言行舉止、想法態度，我們就能預測到他（她）成年之後的做事方法。一般人在五、六歲的時候，已經對愛情的態度有了初步的認知。

在童年時期的孩子，就已經有了對愛情和婚姻的看法，但是這裡指的並非他們有了性需求，而是他們已經意識到這是人類生活的一部分。因為他們生活在擁有愛情和婚姻的環境中，這種意識會無意間闖入他們的思想。他們必須了解這些事，並有自己的看法。

在兒童時期的孩子表現出對異性的喜歡，並擁有自己喜歡的對象時，並不能將之視為荒謬的或性早熟，也不要以此取笑他們。我們應該認為這是對愛情和婚姻的準備。我們不能忽視這件事，反而要積極引導，讓孩子明白婚姻是人生的一件大事，它可以讓我們為了人類的利益做出貢獻，需要我們提前做好準備。這樣，我們才會在他們的意識中種下這樣一種思想：在今後的生活中，夫妻一定要互敬互愛。我們會發現，受到這種引導的孩子很自然地會擁有和諧完美的婚姻，即使他父母的婚姻並不幸福。

如果父母的婚姻幸福美滿，孩子也會對婚姻有更大的信心。因為孩子對於婚姻的早期認識就是從父母那裡得到的。家庭支離破碎的孩子，總會遇到更多的困難。如果父母的婚姻無法達到合作，又怎能將這種精神傳達給孩子？當我們考察一個人是否適合結婚時，應該經常去觀察他的成長環境以及其對父母和兄弟姐妹的看法。最主要的是，他談婚論嫁的條件是什麼，我們必須嚴肅對待這個問題。我們已經知道，環境並不能決定一個人的思想，他的思想應該是由他對環境的看法決定的。由此可見，他對環境的看法十分重要。可能在與父母的共同生活中，他並不幸福，經歷了很多挫折，但是這也會激發他對美好生活的憧憬，他會盡力讓自己的婚姻變得幸福。我們不能從一個人的成長環境去全面肯定或否定他。

② 友誼與工作的重要性

友誼是培養社會責任感的一種方式。藉由友誼，我們可以學會推心置腹，以及如何體會別人的心情和感受。如果一個孩子遇到情感挫折、無法脫離監護、孤孤單單長大，他就不會發展出為別人設想的能力。他總認為自己是世界上最重要的人，而且總是急於先考慮自己的利益。

學會交朋友是為婚姻做的一種準備。孩子們做的遊戲如果能發揮到培養合作精神的作用，將會對他們的人生大有幫助，但通常我們發現，孩子所做的遊戲多數是相互競爭和以超越對方為目的。營造兩個孩子一起做功課、一起讀書、一起學習的環境氛圍會很有益處。我還認為，不應該輕視舞蹈的價值。跳舞是兩個人共同參加的一項娛樂活動，學習跳舞對孩子很有好處。當然，我指的並不是今天的那種舞蹈，因為它與其說是兩個人的活動，不如說是一個表演項目。如果我們有專供孩子跳的簡易舞蹈，將對他們的成長發育更有幫助。

還有一件能幫助人們為婚姻作準備的事情就是工作。現在，人們將工作問題置於婚戀問題之前。婚姻中的一方或雙方，必須先有份工作，這樣才能保證婚後的生活，並撐起一個家庭。很顯然，良好的婚姻準備也包括良好的工作準備。

③ 性教育

我並不主張父母過早地讓孩子了解性方面的知識，或是讓他們知道超出他們理解能力的性知識。孩子對婚姻有怎樣的看法十分重要，若教導有誤，他們會認為這些問題是危險的或與他們毫無關聯。據我所知，那些過早涉及性知識的孩子和性早熟的孩子，在長大之後反而會對愛情產生恐懼感。對他們而言，身體的吸引是異常危險的事情。如果孩子在長大後再去了解性知識，就不會再有恐懼感了，在處理男女關係上也會更加適當。

不要欺騙孩子，也不要刻意迴避他們的問題，這樣才是幫助他們的秘訣。我們應該知道問題背後所隱藏的東西，並向他們解釋他們想知道的且他們所能理解的事情。將性知識毫不隱瞞地告訴孩子對他們是最具危險性的。這種問題最好讓他們自己解決，孩子會憑藉自己的認知能力去學習自己想要知道的知識。如果孩子和父母之間是相互信任的，孩子就不會在這方面出問題。

還有些人存在這樣的憂慮：孩子的同齡人會將一些不良資訊傳給他們，從而引導他們走上邪路。但是，我從沒見過一個在其他方面都很優秀卻偏偏在此方面受侵害的孩子，因為一個受到良好教育且有獨立思考能力的孩子是不會受到那些隻言碎語的引誘的。對於出自同學口中的事，孩子們並不會輕易相信，因為他們一般都有自己的鑒別能力，如果他們並不知道別人的話是真是假，就會去詢問自己的父母或者哥哥姐姐。但是，我不得不承認，孩子對這方面問題的機敏程度更甚於他們的父母，所以往往不好意思發問。

④選擇配偶的影響因素

成人之間的互相吸引，在兒童時期就已經初露端倪。孩子們會博得異性的好感，或者他們對異性產生好感，都是從身體的吸引開始的。如果一個男孩對自己的母親、姐妹或從其他女孩身上擁有好的印象，那麼這種印象就會對他以後擇偶的條件產生影響。有時，他們也會被畫中的虛假人物所吸引，認為那是他們心目中的美女。所以，我們可以這樣說，他們在以後的生活中並不是完全自由的，而是已經受到了某種思考的約束，從而朝這一方向去選擇對象。

但是這種對美的追求並非毫無意義。我們一直把美貌和健康的體魄作為審美的基礎，所以我們一直在致力於讓自己發展成這種人。在我們眼中，美似乎是永恆且對人類有所貢獻的東西。我們希望自己的孩子長大後能給人留有美好的形象，這也正展現了美的魅力。

如果在現實生活中，女孩和自己的父親關係不融洽，或者男孩和自己的母親之間並不和諧（如果父母在婚姻中不能很好地合作，常常會發生這種事情），那麼他們就有可能找一個與自己父母性格完全相反的人作為配偶。比如，一個男孩的母親很尖刻，常常壓制別人，而他偏偏性格軟弱，害怕別人的壓制，那麼看似兇惡的女人就不會讓他產生任何好感。這樣就有可能讓他走入一個盲點，即他只喜歡和順從他的女孩交往，但是，這樣的婚姻並不平等，也定不會幸福。如果他想向別人證明自己是一個強勢的男人，那麼還有可能找到一個看似強勢的女人，然後讓自己對她進行壓制，從而顯示出自己「大男子漢的氣概」。如果他從小就和母親的關係很淡漠，那麼長大後他就很可能在愛情和婚姻中受挫，甚至對女性身體的吸引都毫不在意。這種影響如果發展過頭，還可能造成他以後對女性的排斥和厭惡。

三、婚姻中的合作

在婚姻中只顧及自己的利益是對婚姻的最大忽視。如果存有這樣的思想，那麼，此人就會整天想到如何從生活中尋求快樂和刺激，而不想受到婚姻的任何約束和限制，更不會想到對方的生活是否快樂和舒適。這是對婚姻的極大破壞，這樣的婚姻不會長久，終究會葬送在自己手中，這種辦法不可模仿。所以，我們在戀愛中，不能只想著享樂而不去承擔責任。

婚姻中如果摻雜了猶豫和猜忌的成分，就已注定不會幸福。婚姻中的合作需要一生的時間，如果今生沒有任何承諾，就不能算作真正的婚姻。此處的承諾並非單指讓愛情長久的誓言，還包括養育子女的決心和對子女的教育，讓他們成為優秀的人，並成為一個講究平等、懂得負責的人。我們應該謹記：婚姻幸福的重要意義在於培育下一代。婚姻同樣是一項工作，其中也有固定的規則可循。如果我們不遵從其中的法則或只遵循其中的一部分，就無法收穫幸福的婚姻。

如果我們把自己的婚姻期限規定為一段時期或者只規定一個試婚期，我們就不可能感受到真正的婚姻幸福。如果我們雙方都為婚姻留有退路，便不可能為對方付出一切。我們不可能為所有的事情都規定一條：永遠不可逃避。婚姻亦是如此。那些在婚姻中存有私心並想方設法從中逃脫的人都將步入歧途。他們的退縮定會損害對方的利益，從而致使對方也不再信任這份感情，從而不再履行當初的誓言，最終分道揚鑣。

在我們的日常生活中，總有很多問題會對婚姻產生影響，致使我們在婚姻中矛盾重重。人們都想盡力解決，卻總是無法找到合適的辦法。但是，我們並不能因此而捨棄婚姻，而是要解決生活中的問題。我們都知道情侶之間所必須遵循的一些法則：忠誠、真心、相互依靠、沒有私心、大公無私……

① 通常的逃避行為

疑心太重的人根本不適合結婚，因為如果雙方都想保留自己的自由，就不會有真正的婚姻。既然已經走進婚姻，就已經表明我們不能再隨意而行，而是與對方保持合作、共同生活。下面我將舉例說明：一個獨斷專行的人既違背了婚姻的基本法則，對夫妻雙方造成了傷害，也是不合情理的。

一對夫婦都是有學識、有素質的人，可是他們的婚姻並不幸福，最後導致了離婚。隨後他們都開始尋找新的伴侶，可是他們並不知道自己上次婚姻失敗的原因。他們一直希望自己的婚姻變得和諧並一直為之努力，可是他們卻不懂得何為責任感。他們想享受一種現代的婚姻生活，不想受到婚姻的任何約束，所以他們做了一些協商：給雙方足夠的自由，對方可以做自己想做的任何事情，雙方要互相信任，不得隱瞞所有的事情。

丈夫似乎比妻子的行為更大膽一些。每天回家，丈夫都會把他在外邊的一些「花邊新聞」高談闊論一番，妻子對此也並不忌諱，而是聽得津津有味，並且還誇獎丈夫有魅力。後來，她也想讓自己的生活變得像丈夫一樣「豐富多彩」，但是她還沒有開始自己的計畫就患上了廣場恐懼症。此後，她不敢再獨自出門，只想待在家中。只要一邁出家門，她就會生出一種恐懼感，所以不得不再次回到家中。這種恐懼症讓她出軌的思想不能再實現，可是事情到此遠遠沒有結束。由於她不敢單獨出門，所以丈夫不得不整天左右相伴，從而失去了原來的自由；而妻子，也因為患病不再敢隨便出去，當然自由就更無從提起了。如果她想讓自己的病好起來，就必須對家庭有更正確的認知，而她的丈夫也要對家庭擔負其自己的責任，讓婚姻中的合作關係成立。

有一些錯誤，在婚姻伊始就存在了。那些在家中被驕縱慣了的孩子在婚後常常感覺到被人忽略了，他們並不知道如何去調整自我。被驕縱的孩子常常成為婚姻中的領導者，所以常常讓對方認為自己是一個出氣桶，時時受他人的統治，於是就想奮起反抗。如果夫妻雙方都是被嬌慣長大的孩子，他們之間的事情定會更加離譜。因為他們總是以自我為中心，所以對對方都不滿意，從而導致慢慢逃避，於是開始在外尋求自己的欣賞者，婚姻也就由此而變調。

有些人對待愛情從不專一，而是想和幾個人同時戀愛，他們在多種戀愛中搖擺不定，更不知道自己的責任是什麼。這樣的愛情只會是一場空。

還有些人，總是沉浸在自己幻想的愛情之中：浪漫、感動、激情，時時都有。他們根本就不知道何為現實的愛情，更不知道如何對待自己的伴侶。過於浪漫的設想可能將你的愛情牽走，因為現實中根本就不會存在這種浪漫的婚姻。

有些人因為在成長過程中遇到一些問題，開始對自己的性別反感或厭惡。他們開始壓抑自己的性欲望，而並不以為這是病態，這樣的人在生理上永遠得不到幸福的婚姻。這就像我們之前所說的，因為過分重視男性而引起的「男性傾向」。如果孩子開始對自己的性別角色產生懷疑，就會失去安全感。如果在他們心裡認為男性是占統治地位的，那麼不管男孩女孩，都會對男性角色產生一種敬仰之情。他們開始懷疑自己是否會將自己的角色扮演好，所以他們就開始讓自己男孩化，並極力將這種感情表現在外。

我們常常遇到那些對自己的性別並不滿意的孩子們，這可能是由於女孩的女性冷感症或者男性的心理萎縮症造成的。這些人常常藉由身體的抗拒而拒絕愛情和婚姻。這些事情總是不可避免的，除非他們真正認為男女平等了。並且，世界上有一半的人可以為自己對性別的不滿找到足夠的理由，這無疑是婚姻中的一大障礙。所以我們必須對這一障礙進行清掃，那就是讓他們認識到男女平等的事實，並消除他們對於性別角色的憂慮。

我認為，婚前不發生性關係是婚姻和諧甜蜜的最大保障。因為很多男人在潛意識中都不想接受自己的愛人在婚前已不是處女。有時，他們會認為這樣的女人不純潔，也會因此而感到憤怒。並且，如果女性在婚前已經有了性行為，之後定會承受更大的心理壓力。如果促使女性結婚的因素是懼怕而不是勇氣，就會給婚姻帶來很多麻煩。眾所周知，婚姻中的合作需要的是勇氣而非恐懼，如果男女是處於恐懼的心理而選擇對象，那麼他們的合作也不會是自願的。如果他們的伴侶在地位或素質上明顯不如自己，他們在婚姻中同樣不能很好地合作。他們對於婚姻有一些懼怕感，並且總希望在婚姻中雙方都互相尊重。

四、友情是婚姻的保證

友情是培養孩子對社會產生興趣的方法之一，在與人交往中，孩子們學會了怎樣與人溝通、怎樣分享他人的快樂和憂傷。

如果一個孩子在遇到挫折的時候就被人保護起來，從而在自己的空間中獨自長大，沒有同學或朋友，那麼他永遠不會去為他人著想。在他的心目中，自己就是世上最重要的人，遇事也總是以自我為中心。

友情的培養可以為婚姻打下良好的基礎。如果我們在遊戲中鍛鍊孩子們的合作能力，也是不錯的選擇；但是有些遊戲常常讓孩子產生超過別人的欲望。

最好找一些兩個孩子就可以完成的事情讓他們去做，比如舞蹈，你千萬不要以為舞蹈是沒有任何益處的，因為這樣的活動需要兩個人合作完成，所以對他們的幫助還是很大的。

當然，我們這裡所說的舞蹈並不是以表演為目的的，如果有一些專供孩子跳的舞蹈，那就再好不過了。

工作中同樣可以看出我們對於婚姻是否已經有了足夠的準備。在擁有婚姻之前，這是我們必須要問的一個問題。只有夫妻中的一個或兩個都有自己的工作，才能真正地生活，並養活自己的家庭。我們不得不說，良好的婚姻必須以工作為基礎。

五、維護婚姻幸福

每一個人對待異性的態度和接觸異性的能力，我們總能夠輕易看出。每個人接觸他人的方式都各不相同，包括他們的求愛方式，但是這些行為卻和他們的人生態度相一致。藉由一個人在戀愛中的言行舉止，我們就可以看出他們對未來是否自信，是否有合作精神，以及是否總以自我為中心、臨陣脫逃，並常常問自己：「別人到底會如何看我？我會在他人心中留下怎樣的印象？」

一個男人與女人相處時，也許會謹慎小心，也許會激情洋溢，不過不管他們表現出怎樣的行為方式，都會與他對待人生的態度相一致。我們不能根據一個人在求愛之時的表現去判斷他是否適合結婚，因為這時他已經有了一個表達愛的對象。如果在其他場合，也許他並不是一個善於言談的人。但不管怎樣，我們仍可從中了解到此人的性格。

在一般人的思想中，都會認為男人應該主動示愛。所以只要這種傳統還存在，男孩子就應該主動去做男人該做的事——主動示愛，毫不猶豫，不能退縮。只要他們認為自己是社會中的一份子，且知道自己的優缺點，就應該具備這樣的素質。當然，女性同樣可以主動示愛，然而在一般人的觀念中，還是認為女孩子要表現得矜持一些，但是她們會將自己的態度在言行舉止中表現出來。總而言之，我們可以這樣理解：男人表達愛要主動直白，而女孩子則要委婉隱晦。

① 夫妻生活

夫妻之間必須有性吸引，但是這也必須根據人類的幸福進行發展。對彼此互感興趣的夫婦，性吸引的能力是不會消滅的。如果有這種情況發生，只能說明他們對對方的興趣減少了，他們之間也不再擁有信任、合作和和諧，他們的生活也不再有樂趣可言。有時，在他人看來他們之間還有愛情，但是身體的吸引已經消失了。可是這種說法並不正確。有時，人們總是言行不一、貌離神合，但是他們的身體卻不會說謊。如果沒有了身體上的依戀，那麼就沒有共同語言可言了。這說明他們兩人已對他們的婚姻失去興趣，至少一方已經不想面對這樣的婚姻，而在極力逃避。

人類的性欲望是持續性的，與動物的發情期大不相同。這就在某一方面為人類提供了幸福的保障，也可以使人類得以持續繁衍後代。對於動物，大自然則會採用其他方式讓它們生存下去，比如，它們會產下很多蛋或卵，雖然其中有很多會遭到破壞，但是還會有一些被保存下來、孵化成幼雛。

人類也一直用生兒育女的方法讓自己的後代得以延續。所以，我們會慢慢發現，在婚姻中關心人類未來幸福的人總是甘願生育後代的，但是那些有意無意對人類表現出反感的人則不想生育後代。只想索取而不想付出的人是不想養育兒女的。在那些人眼中：自己是最重要的；孩子只不過是負擔或累贅；養育孩子會浪費自己的時間或精力，不如將時間花在自己身上。所以，要想使愛情和婚姻的問題得以解決，就必須繁衍後代。我們應該明白，和諧的婚姻可以為下一代提供良好的教育，而養育子女也是婚姻中必須要做的事情。

② 一夫一妻，艱苦與現實

現在，一夫一妻制可以直接解決婚姻中的問題。這樣的婚姻關係，需要雙方互助互愛、共同合作，這樣才能使婚姻基礎變得穩固，且不會發生互相逃避的問題。我們知道，婚姻破裂也是生活中常見的問題，我們總是無法避免的。然而，如果我們把婚姻和愛情當作一種責任、一種職責，就會減少這種事情的發生。所以當婚姻中出現問題時我們要盡早彌補。

一般而言，婚姻中出現裂痕是因為夫妻雙方沒有盡到自己應有的義務，他們總是幻想著幸福生活的到來，而自己並不為此努力奮鬥、主動去贏得幸福的婚姻。如果抱有這樣的態度，婚姻問題肯定得不到解決。如果認為婚姻有理想般美好，或者將婚姻看成愛情的墳墓，都是大錯特錯的。兩個人真正步入了婚姻，他們之間的各種關係才真正成立，正是因為有了婚姻，他們才開始正式面對人生的職責，才擁有了為社會創造財富的機會。

現在還流行著另一種說法，認為結婚是一個終結或者另一種新生活的開始。就像很多小說中所說的，很多人最終都會終成眷屬。其實這正是夫妻生活的開始，然而在小說中似乎一結婚就萬事圓滿了，從此生活就可以終生幸福了。然而，我們必須懂得，結婚並不是解決了所有的事。愛情的種類多種多樣，然而要真正解決婚姻問題，還得有共同的興趣愛好，懂得如何互助互信、互相合作。

婚姻關係並不是神祕不可測的，因為他們對待婚姻的態度已經從他們的人生態度中反映了出來。所以只有全面了解一個人，才可以知道他對婚姻的態度，這和他人生的追求是相一致的。比如，我能夠明確指出那些被寵壞的孩子對待婚姻的態度——當遇到問題時，他們總在千方百計地逃避。

在社會中這類人是危險的，他們在四、五歲的時候對待人生的態度就已經形成。他們常常這樣發問：「我會得到我想要的一切嗎？」如果他無法得到自己想要的東西，就會覺得人生變得乏味。他們會這樣認為：「如果連我想要的東西都無法得到，那活著還有什麼意義？」他們的思想會逐漸消極，甚至生出「尋死」的想法，以至於他們把自己弄得神經兮兮、疑神疑鬼。他們還會從自己的處事態度中總結出一套處事方法，並認為自己的錯誤觀點是絕無僅有的，而且無人能及。在他們心中，如果自己的欲望或情感被壓抑，那就是給自己找麻煩。他們就在這樣的思想中逐漸成長。在過去，他們都有過一段美好的生活——要什麼有什麼，想怎樣就怎樣。而此時，有些人仍然以為自己再哭鬧下去，再反抗下去，再固執下去，就會有人妥協，自己仍可以得到自己想要的東西。他們並沒有意識到個人應該和社會這個整體相融合，而是只想到自己的利益。

結果只能是：他們不願奉獻自己的一絲一毫，只想不勞而獲，甚至貪得無饜。婚姻在他們眼中同樣是隨意而為的。他們嘗試著感情中的各種接觸方式，同居、試婚、結婚、離婚，他們的婚姻不想受到任何束縛，只要他們不想要某一段婚姻，便會輕易拋棄，轉而尋求新的戀情。如果兩人之間擁有著真正的愛情，那麼他們必定具有以下幾點特徵：忠實可靠，有責任感，值得信賴。我認為，不能很好地處理婚姻關係的人，在社會中的角色也不會扮演得很好。

婚姻中還有一個必要的條件——關心孩子。如果我們的婚姻不是建立在誠實互信的基礎上，那麼對於孩子的撫養也定會出現很多問題。如果父母經常吵架，對婚姻毫不負責，對於婚姻中的問題從不去積極解決，這樣的家庭對培養孩子是沒有任何好處的。

③ 解決婚姻問題

有些人根本不適合生活在一起，可能是由很多原因造成的，但是不管怎樣，他們最好還是分開。可是分開的決定到底由誰來做？是由那個對婚姻沒有責任感的人嗎？是那個只考慮自己利益的人嗎？如果他們對離婚的態度和對待結婚的態度一樣，總是想「我會從中得到什麼益處」，那麼這樣的人顯然不適合做決定。

我們經常看到，那些結婚多次的人，總是不斷地重複自己的錯誤。那麼到底由誰來決定婚姻是不是應該終結呢？我想，當你認為自己的婚姻不可繼續時，最好由心理學家決定是不是應該分開。當然，在我們國家，這是很難辦到的事。

我不知道美國是否如此，但是我發現，歐洲的心理學家常常把個人的幸福放在最重要的位置上。如果有病人向他們求救，他們常常建議病人去找個情人，認為這樣就可以解決問題。我想他們早晚會否定自己的這種作法的。他們提這種建議的原因是，他們並不了解問題的整體性以及這一問題和其他工作的關係。其實這種關係一直應該被我們所重視。

那些把婚姻當作個人問題加以解決的人，同樣會出現這類問題。美國的情況我仍然不了解，然而在歐洲，如果一個男孩或女孩在神經上有些病症的時候，那些醫生同樣讓他們去找情人或者開始發生性關係。對於成年人，他們也會這樣指導，因為在他們心目中愛情就是一劑良藥，可是如果誰服下，定會對自身有害無益，病人會更加迷失方向。將愛情和婚姻問題處理妥當，將是完美人格的展現。愛情和婚姻與一個人的幸福和價值緊密相連，它不是兒戲，更不是救助罪犯、酗酒和神經病的靈丹妙藥。有精神官能症的人必須先將自己的病治好，然後再結婚。如果他們還沒有能力處理婚姻問題就匆忙結婚，肯定會遇到很多難題和痛苦。維持幸福的婚姻需要很高的境界，如果有些人還沒有作好承擔責任的準備，就無法處理好這個問題。

有時，結婚的目的也會不純潔。有的人完全是為了錢財，有的人則是為了還人情，有的人只是為了給自己找一個僕人。這些都與婚姻的高尚品質相違背。有些人甚至會說結婚就是為了給自己增添煩惱。比如，一個男人在事業或學業上都不盡如人意，他會覺得自己一無是處，然後就會選擇結婚，然後借此說是婚姻牽絆住了自己，所以沒有獲得成功的機會。

④ 婚姻與男女平等

高估或低估愛情的重要性都是不對的，這就需要我們將之放在一個正確的位置上。在我所見過的所有婚姻破裂事件中，最大的受害者往往是女性。在我們的意識中，常常認為男性的約束比女性更少。其實這樣的觀點是錯誤的，這種思想並不會因我們個人的力量而改變。尤其是在婚姻中，任何一方的反抗都會對婚姻造成損害。要想改變這種狀況，就需要我們改變自己的觀念。我的一個學生在一項調查中得知，有百分之四十二的女孩希望自己是男孩，這足以看出她們對自己性別的不滿。如果對於自己性別不滿的人超過一半，並認為自己的地位不如男性的地位高時，我們的婚姻問題又該如何解決呢？如果女性總認為自己的地位低於男人，如果女人一直以為自己是男性發洩性欲的工具，就可以真正解決這個問題嗎？

綜上所述，我們可以總結出一個簡單而實用的結論。人類天生並不是一夫多妻或一夫一妻。我們雖然共同生活在地球上，看似平等，可是又確實分為男女兩種性別。生活已經告訴我們，每個人都必須處理好人生中的三大問題。然而，只有一夫一妻才可以正確地處理愛情和婚姻問題。

在婚姻中，任何一方的反抗都會對婚姻造成損害。要想改變這種狀況，就需要我們改變自己的觀念。

國家圖書館出版品預行編目資料

自卑與超越 / 阿弗雷德.阿德勒(Alfred Adler)原著 ; 李青霞譯. -- 初版. -- 新北市 : 華志文化, 2016.05
面； 公分. -- (世界名家名譯 ; 2)
譯自 : What life should mean to you
ISBN 978-986-5636-54-8(平裝)

1.阿德勒(Adler, Alfred, 1870-1937) 2.學術思想 3.精神分析學
175.7 105004801

華志文化事業有限公司
系列／世界名家名譯系列2
書名／自卑與超越（What life should mean to you）

作者 阿弗雷德・阿德勒（Alfred Adler）
執行編輯 林雅婷
美術編輯 簡郁庭
封面設計 王志強
文字校對 陳麗鳳
企劃執行 康敏才
總編輯 黃志中
社長 楊凱翔
出版者 華志文化事業有限公司
電子信箱 huachihbook@yahoo.com.tw
地址 116台北市文山區興隆路四段九十六巷三弄六號四樓
電話 02-22341779
印製排版 辰皓國際出版製作有限公司

總經銷商 旭昇圖書有限公司
地址 235新北市中和區中山路二段三五二號二樓
電話 02-22451480
傳真 02-22451479
郵政劃撥 戶名：旭昇圖書有限公司（帳號：12935041）

書號 C402
出版日期 西元二〇一六年五月初版第一刷
售價 二六〇元

華志文化

華志文化